A Carta de
Pero Vaz de Caminha

Silvio Castro
Introdução, atualização e notas

A CARTA DE PERO VAZ DE CAMINHA

O Descobrimento do Brasil

www.lpm.com.br
L&PM POCKET

Coleção **L&PM** POCKET, vol. 326

Texto de acordo com a nova ortografia.

Este livro foi publicado em primeira edição pela L&PM Editores, em 1985, na Coleção Descobertas L&PM.

Primeira edição na Coleção **L&PM** POCKET: setembro de 2003
Esta reimpressão: janeiro de 2019

Capa: L&PM Editores
Mapa: Fernando Gonda
Revisão: Renato Deitos e Jó Saldanha

ISBN 978-85-254-1267-6

C355c   Castro, Sílvio
          A carta de Pero Vaz de Caminha / Silvio Castro – Porto Alegre: L&PM, 2019.
          160 p.; 18 cm – (Coleção L&PM POCKET)

          1. Brasil-História-Descobrimento. I. Título. II. Série.

CDU 981 "1500"

Catalogação elaborada por Izabel A. Merlo, CRB 10/329.

© Sílvio Castro, 1985

Todos os direitos desta edição reservados a L&PM Editores
Rua Comendador Coruja, 314, loja 9 – Floresta – 90.220-180
Porto Alegre – RS – Brasil / Fone: 51.3225.5777

Pedidos & Depto. comercial: vendas@lpm.com.br
Fale conosco: info@lpm.com.br
www.lpm.com.br

Impresso no Brasil
Verão de 2019

Mais do que um documento histórico, essa Carta de Pero Vaz de Caminha é uma profecia e um instrumento de fé. Por isso deve andar nas mãos do povo.

Leonardo Arroyo

ÍNDICE

Prefácio
Caminha e a Literatura de Testemunho – *Silvio Castro* / 9

A Carta de Pero Vaz de Caminha
Texto, estrutura e linguagem da Carta / 11

De documento a monumento
A Carta de Pero Vaz de Caminha na cultura e na literatura portuguesa / 28
A Carta de Pero Vaz de Caminha e o Brasil / 32

Leitura crítica, transcrição e versão da Carta
Leitura da Carta de Pero Vaz de Caminha / 41
Transcrição crítica / 41
Notas analíticas / 67
Transcrição atualizada / 86

Apêndice 1
A relação do "Piloto anônimo": Nagegação do Capitão Pero Álvares escrita por um piloto português e traduzida para o italiano / 115

Apêndice 2
Brasil, Brasis, Brasília: Ensaio de compreensão da evolução cultural do Brasil, a partir da Carta de Pero Vaz de Caminha / 121
Bibliografia / 151

Prefácio

Caminha e a Literatura de Testemunho

O presente trabalho teve a sua primeira edição na Itália com o título *La Lettera di Pero Vaz de Caminha sulla scoperta del Brasil* (Pádua, 1984), apresentando pela primeira vez uma versão italiana do texto de Caminha a partir dos aspectos filológicos mais completos, ligados a uma nova leitura crítica e à versão em português moderno. Tais instrumentos filológico-linguísticos são a base de uma análise histórico-cultural do texto, inscrita em um plano mais amplo e vasto da nossa pesquisa sobre as raízes da cultura brasileira. Neste sentido, nesta presente 1ª edição brasileira acrescenta-se o ensaio "Brasil Brasis Brasília: Ensaio de compreensão da evolução cultural do Brasil, a partir da *Carta* de Pero Vaz de Caminha".

A Carta de Caminha se inscreve de fato no grande curso daquilo que em nossa pesquisa denominamos a "literatura de testemunho", produzida por cronistas e viajantes dos séculos XVI e XVII. Em modo particular, nos interessam os autores portugueses – Caminha, Pero Lopes de Sousa, Gabriel Soares de Sousa, Pero de Magalhães Gandavo, Ambrósio Fernandes Brandão, Fernão Cardim, Simão de Vasconcelos, Antônio Vieira etc., dos quais tomaremos os dados constitutivos daquela inicial e indispensável tradição que se encontra na base da complexa cultura brasileira. Estes dados serão completados, depois, com testemunhos sobre o Brasil fornecidos por autores estrangeiros do mesmo período – Hans Staden, André Thevet, Jean de Léry, João Antônio Andreoni (Antonil), Claude d'Abbeville etc. Foram estes amplos testemunhos que fixaram aqueles conceitos logo transformados em "constantes" da nossa mitologia cultural. Mitos como o "mundo novo", "paraíso terrestre recuperado", o "bom selvagem" etc. etc., até aquele ufanismo sentimental que se encontra em tantas manifestações brasileiras – muitas vezes com perigosas derivações nacionalistas –, partem deste específico curso expressivo, do qual a Carta de Caminha é a primeira e preciosa peça.

S. C.

A Carta de Pero Vaz de Caminha

Texto, estrutura e linguagem da Carta

A Carta se compõe objetivamente de sete folhas, cada uma de quatro páginas, por um total de vinte e sete de texto e uma de endereço, com a medida de cerca de 296 por 299 mm, típica da época, conforme afirma Jaime Cortesão[1]. Trata-se de um original bastante claro depois de sucessivas leituras diplomáticas, principalmente aquelas de João Ribeiro, Jaime Cortesão, Sílvio Batista Pereira[2].

A ortografia de Caminha reproduz a escrita fonética típica dos textos portugueses até o século XV; é particularmente notável pela racional coerência das transcrições. A periodização do manuscrito é bastante ordenada, sem a costumeira indisciplina de margens dos textos manuscritos da época. Ao contrário da maioria dos seus contemporâneos, Caminha usa a pontuação de modo expressivo, coisa que faz com que a leitura do manuscrito da Carta seja suficientemente simples.

A estrutura compositiva é extremamente clara. A Carta começa com o típico processo epistolar; depois dos primeiros parágrafos, tal convenção se transforma num diário atípico[3]. Depois de haver instaurado um diálogo ideal com o destinatário privilegiado da Carta, o Rei, D. Manuel, Caminha endereça o seu texto a um amplo campo narrativo. Ele conta nos mínimos detalhes a viagem de Pedro Álvares Cabral, a partida de Belém, Lisboa, no dia 9 de março de 1500, a passagem pelas Canárias, no dia 14, e por S. Nicolau de Cabo Verde, no dia 22; os longos dias de navegação, até o 21 de abril de 1500, quando se avistam os primeiros sinais de terra; a visão do Monte Pascoal – primeira terra brasileira revelada aos olhos dos portugueses – naquele histórico 22 de abril de 1500; os primeiros contatos com a terra, no dia seguinte, 23; a ancoragem tranquila das 12 naves no Porto Seguro, no dia 24; a mudança da ancoragem no dia seguinte para a baía Cabrália, onde Caminha desembarca pela primeira vez; contatos com a terra e a gente nova, depois do que a narração se faz ainda mais direta e densa, uma relação cotidiana, até o 1º de maio, véspera da partida da Carta em direção do destinatário privilegiado, por meio da nave de Gaspar de Lemos que voltava a Lisboa, enquanto que o remetente Caminha, juntamente com os companheiros de viagem, parte para a meta final, a Índia, com as 11 naves restantes.

A narração se enriquece com os movimentos dos numerosos personagens citados diretamente ou de presenças apenas subentendidas na leitura do texto. Quando a potente armada parte de Belém, Pedro Álvares Cabral comanda 13 navios e mais de 1.300 pessoas, entre marinheiros, soldados, mercadores, cronistas, religiosos e viajantes vários com imprecisas missões. Antes de avistar as terras do Brasil, a relação narrativa se cria somente entre esta gente e o mar, normalmente calmo. A partir de 21 de abril de 1500, este diálogo comum a todas as navegações portuguesas se modifica com a visão da nova terra. No dia seguinte, a intensidade

*Primeira página do manuscrito da carta de
Pero Vaz de Caminha.*

narrativa se adensa na direção de uma estrutura mais complexa, na qual o elemento predominante é a relação entre os portugueses e a nova gente. Caminha pode então exprimir o sentido das descobertas, representando diante do seu Rei os eventos e as emoções vividos por todos os protagonistas da nova história, os portugueses e os indígenas.

Os personagens portugueses citados diretamente são Pedro Álvares Cabral, Pero Escolar, Vasco de Ataíde, Nicolau Coelho, Afonso Lopes, Sancho de Tovar, Simão Miranda, Aires Correa, Bartolomeu Dias, João Telo, Frei Henrique de Coimbra, Diogo Dias, Afonso Ribeiro, Aires Gomes, Jorge de Osório; porém por detrás deles se pode intuir a clara ação de outros navegantes inominados.

Da parte dos indígenas a cena se coloca no início com a presença de sete ou oito personagens, logo depois transformados em dezoito ou vinte; e, mais adiante, com a concreta e objetiva ação dos dois jovens índios levados a bordo pelo piloto Afonso Lopes; e ainda mais com três ou quatro moças indígenas, belas e gentis, que encantam todos os leitores da Carta, desde D. Manuel até hoje. Depois está o índio que acolhe afetuosamente o degredado Afonso Ribeiro; porém, também aquele outro que convida os companheiros a se afastarem da companhia dos portugueses; as quatro ou cinco jovens com os corpos pintados e aquela outra que traz o filho pequenino às costas; mais adiante, o índio velho dos lábios furados e os dois jovens hóspedes do vice-comandante Sancho de Tovar e os outros quatro ou cinco que logo depois sobem a bordo das diversas caravelas, entre os quais um daqueles dois jovens que no início visitaram a nau capitânia; e, no final, a figura do índio, de cinquenta ou cinquenta e cinco anos, que depois da missa do 1º de maio, a segunda dita daquela terra, manifestava aos companheiros uma instintiva adesão religiosa; igualmente a jovem índia, no mesmo ato, que recebe como presente um pano destinado em verdade a cobrir-lhe a sua ingênua nudez. Por detrás dos personagens indígenas que entram na ação, mesmo se sem nomes, pode-se entrever uma grande quantidade de outros. São trezentos, trezentos e cinquenta.

Pedro Álvares Cabral e os seus capitães nomeados, Vasco de Ataíde, Nicolau Coelho, Sancho de Tovar, Simão de Miranda, Aires Correa, Bartolomeu Dias, Diogo Dias, Aires Gomes, são naturalmente os grandes protagonistas da ação. Porém, além desses oito capitães, os outros cinco que guiam a navegação entram em forma ativa na narrativa de Caminha, ainda que somente entrevistos entre os subentendidos do grande evento: Gaspar de Lemos, Nuno Leitão da Cunha, Pero de Ataíde, Luís Pires, Simão de Pina.

Pedro Álvares Cabral, o capitão-mor da armada que descobre o Brasil, aparece na dimensão total de um grande chefe. Ele tudo guia e dele tudo depende, seja direta ou indiretamente. Aparece na solenidade do seu encargo e na plenitude do comando, mas, ao mesmo tempo, é visto numa dimensão de cotidianidade vivida simplesmente e com raro sentido de equilíbrio. Ele determina todas as coisas *"aly lançamos os batees e esquifes fora e vieram logo todolos capitães das naaos a esta naao do capitam moor e aly falaram. e o capitam mandou no batel em terra Nicolaao Coelho pera veer aqle rrio"* (...) *"e neeste dia a oras de bespera ouvemos vjsta de terra sendo premeiramente d'huũ gramde monte muy alto. e rredondo e d'outras serras mais baixas ao sul dele e de terra chã com gramdes arvoredos, ao qual monte alto o capitam pos nome o Monte Pascoal e aa terra Terra da Vera Cruz"*. Ele se apresenta solenemente na representação de seu poder: *"o capitam quando eles vieram estava asentado em huũa cadeira e huũa alcatifa aos pees por estrado e bem vestido cõ huũ colar d'ouro muy grande ao pescoço". (...) "quando saymos do batel disse o capitã que serja boo hirmos dereitos aa cruz q̃ estava emcostada a huũa arvore junto cõ o rrio pera se poer de manhaã que he sesta feira e que nos posesemos todos em giolhos e a beijasemos pera eles veerem ho acatameto que lhe tiinhamos. e asy o fezemos"*. Ele participa e confraterniza com toda a gente, com os seus e com os nativos da nova terra: *"e despois moveo o capitam pera cjma ao longo do rrio que anda senpre a caram da praya e aly esperou huũ velho que trazia na maã paa de almaadia. /falou estãdo o capitã com ele perante nos todos sem o nuca njnguem emtender nen ele a nos quanta cousas l'homẽ pregumtava d'ouro que nos desejavamos saber se o avia na terra. / trazia este velho o beiço tam furado que lhe caberja pelo furado huũ gram dedo polegar e trazia metido no furado huũa pedra verde rroim que çarava per fora aquele buraco e o capitã lha fez tirar e ele nõ sey que diaabo falava e hia cõ ela pera a boca do capitam pera lha meter./ estevemos sobriso huũ pouco rrijndo e entam enfadouse o capitã e leixouo"*.[4]

Os capitães das naus participam diretamente no destino da navegação e em todas as suas fases, ao lado do capitão-mor. Este procura o consenso dos diversos capitães nos principais momentos da empresa histórica, assim como avalia sempre as suas opiniões. Os capitães, sejam aqueles que aparecem diretamente na ação descrita pela Carta, como aqueles outros que, inominados, circulam às margens da narração, são personagens feitos da mesma matéria do capitão-mor: *"e tamto que comemos vieram logo todolos capitaães a esta naao per mandado do capitã moor co os quaes se ele apartou e eu na conpanhia[5] e preguntou asy a todos se nos parecia seer bem mandar a nova do achamento deste terra a vossa alteza pelo navjo dos mantimmentos pera a mjlhor mãdar desconbrir e saber dela mais do que agora nos podiamos saber por hirmos de nossa viajem e antre mujtas falas que no caso se fezeram foy per todos ou a mayor parte dito que seria muito bem, e njsto comcrudiram./ e tanto $\tilde{q}$ a concrusam foy tomada. pregumtou mais se seria boo tomar aqy per força huũ par destes homeẽs pera os mandar a vossa alteza. e leixar aqy por eles outros dous destes degredados.[6] / a esto acordaram que no era necesareo tomar per força homeẽs. por que jeeral costume era dos que asy levavom per força pera algua parte dizerem que ha hy todo o que lhe preguntam. / e que milhor e mujto mijlhor enformaçom da terra dariam dous homeẽs destes degredados que aquy leixasem. do que eles dariam se os leuasem por seer jente que njmguem emtende nem eles tam cedo aprederiam a falar pera o saberẽ tam bem dizer que mujto milhor ho estoutros nom digam quando ca vossa alteza mandar.[7] e que por tamto nom curasem aquy de per força tomar njmguem nem fazer escandalo pera os de todo mais amãsar e apaceficar. / se nom soom[te] leixar aquy os dous degradados quando daquy partisemos./ e asy pormilhor parecer a todos ficou detremjnado"*.

Bartolomeu Dias e Nicolau Coelho – dois heróis lusíadas da epopeia camoniana – preenchem a cena da

Carta com aquela mesma determinação de protagonistas que sempre demonstraram nas suas específicas empresas históricas de descobridores. Bartolomeu Dias é o mesmo personagem que no dia 14 de agosto de 1487 supera o Cabo das Tormentas, transformado por ele em o da Boa Esperança, mas que logo depois da partida das terras brasileiras, naquele 2 de maio de 1500, naufragará diante do Cabo, no trágico cumprimento da profecia do "Gigante Adamastor":

"Aqui espero tomar, se não me engano,
De quem me descobriu suma vingança".[8]

Nicolau Coelho, um dos grandes heróis de Camões, participa da épica navegação de 1497-99, junto com Vasco da Gama e Paulo da Gama, no comando da pequena nave "Berrio", com a qual reentra no Tejo no dia 10 de julho de 1499; ele foi desta maneira o primeiro que pôde dar notícias das gloriosas descobertas que ampliavam as dimensões do mundo.

A ação constante de Bartolomeu Dias e Nicolau Coelho percorre toda a Carta: *"(...) heram aly xbiij ou xx homeẽs pardos todos nus sem nhũa cousa que lhes cobrisse suas vergonhas, traziam arcos nas maãos e suas seetas, vijnham todos rrijos pera o batel e Njcolaao Coelho lhes fez sinal que posesem os arcos. e eles os poseram". "(...) e levaram daly huũ tubaram que Bertolameu Dijs matou" "(...) e tamto que as naaos foram pousadas e amcoradas vieram os capitães todos a esta naao do capitam moor e daquy mandou o capitã a Njcolaao Coelho e Bertolameu Dijs que fosem em terra e levasem aqueles dous homeẽs e os leixasem hir com seu arco e seetas".*

Entre os capitães citados, Vasco de Ataíde ocupa uma particular posição na narração de Caminha. Superada a ilha de São Nicolau, no Cabo Verde, naquele domingo, 22 de março de 1500, na manhã seguinte, com tempo bom e mar sereno, Vasco de Ataíde e a sua nave se perdem. Nada justifica tal desgraça; as outras doze naus cabralinas procuraram inutilmente os companheiros em meio ao oceano tranquilo. Depois, numa atmosfera de inquietação a viagem recomeça.

Sancho de Tovar aparece em cena com a constante dignidade de seu encargo de vice-comandante. Juntamente com Simão Miranda, Aires Correa, Diogo Dias, Aires Gomes, ele exercita as funções do comando seja no plano técnico da navegação, através da direção operativa da expedição, assim como igualmente quanto às relações com a nova gente das terras brasileiras. Todos eles demonstram o mesmo tratamento afável e cordial, endereçado politicamente a conquistar a confiança dos indígenas. O mesmo terá acontecido aos comandantes inominados, porém sempre presentes na ação: Gaspar de Lemos – que depois receberá a missão de retornar a Lisboa com a nau dos víveres, levando consigo todos os documentos sobre a nova terra portuguesa –,[9] Nuno Leitão da Cunha, aquele mesmo que será o primeiro a retornar a Lisboa, no dia 23 de junho de 1501, trazendo consigo as notícias da missão na Índia, na frente da armada semidestruída e reduzida a seis naus sobreviventes a tempestades, naufrágios e batalhas várias;[10] Pero de Ataíde, Luís Pires, Simão de Pina: Simão de Pina e Luís Pires não retornarão a Portugal, mas desaparecem nas vagas do Cabo, como Bartolomeu Dias e Aires Gomes.

Depois vêm os pilotos. Estes têm a missão de vigiar constantemente, de procurar os melhores ângulos para as ancoragens; eles são a atenção constante da grande armada em relação aos ventos, às correntes marítimas, aos movimentos das ondas e à presença das estrelas. Depois da ancoragem, vão sempre adiante em pequenas barcas para verificar a bondade e segurança dos portos escolhidos; e são igualmente eles os primeiros a descobrir as gentes novas e falar-lhes. Pero Escolar e Afonso Lopes são os dois pilotos nomeados diretamente; mas ali estão os outros onze nas outras tantas naus cabralinas, sempre ativos e atentos: *"E asy segjmos nosso caminho per este mar de lomgo ata a terça feira d'oitavas de pascoa que foram xxj dias de abril que topamos alguũs synaaes de terra seemdo da dita jlha seg^o os pilotos deziam obra de bj^e 1x ou 1xx legoas"*. Afonso Lopes, que se encontrava em uma das naus pequenas, foi mandado pelo Capitão-mor numa pequena barca, "esquife", para verificar o Porto Seguro, porque era um técnico verdadeiramente capaz, um homem consciente de seu trabalho. Ele toma consigo dois indígenas que se encontravam numa jangada, jovens, belos e atléticos, e os traz a bordo, diante de Pedro Álvares Cabral. Pero Escolar antes participara da gloriosa expedição de Vasco da Gama, como piloto da caravela "Berrio" de Nicolau Coelho. Agora ocupa o mesmo encargo na nau capitânia, e acompanha todos os movimentos da viagem histórica. Está sempre vizinho a Pero Vaz de Caminha, ao lado do Capitão-mor. Possivelmente terá sido ele quem redigiu a famosa relação do "Piloto Anônimo", publicada pela primeira vez em italiano, em Veneza, no ano de 1507, por Montalboddo, *Paesi nuovamente ritrovati*, da qual o original português se perdeu.

Afonso Ribeiro, jovem camareiro do nobre João Telo, de Lisboa, condenado à morte em pátria, reencontrará nas terras novas a salvação da própria vida. Será mais que uma condenação ao degredo, o seu exílio.

Afonso Ribeiro traduz nesta sua experiência o medo do desconhecido, o desespero diante do cenário novo e incompreensível. Ele se salva, se faz um homem novo, se transforma numa fonte de conhecimentos do novo mundo. Mas Afonso Ribeiro é no início desta aventura um jovem cheio de medo. Mesmo depois da demonstração de simpatia que lhe fazem os indígenas, ele é uma presa da angústia e da solidão. Quando a armada retoma a viagem para a Índia, ele está sozinho e desesperado diante do mar. Talvez aquele moço português que um ano depois dará a Américo Vespúcio, empenhado na expedição de 1501, as informações para *Mundus Novus* fosse já um diverso Afonso Ribeiro.[11]

Com Afonso Ribeiro fica em terra um outro degredado condenado à morte e inominado, e dois jovens marinheiros: *"creo Sñor que com estes dous degredados que aquy ficam. / ficam mais dous grometes que esta noute se sairam desta naao no esqujfe em terra fogidos./ os quaaes nõ vierã majs e creemos que ficaram aquy porque de manhaã prazendo a Deus fazemos daquy nosa partida".* Os dois jovens marinheiros são os dois primeiros europeus que escolhem as delícias do "paraíso reencontrado".

Frei Henrique de Coimbra guia a vida religiosa dos membros da expedição e consagra as descobertas à verdadeira fé cristã. Ele ministra a primeira missa no Brasil, diante dos olhos curiosos dos indígenas, e reza pela maior glória de Portugal, guardião da cristandade e propagador da fé nestas novas terras. Ao seu lado estão oito sacerdotes e religiosos franciscanos. Cinco destes morrerão sob o assalto dos mouros, em Calicute, no dia 12 de dezembro de 1500. A mesma data e o mesmo desastre em que encontrou a morte Pero Vaz de Caminha.

Estes são os portugueses, citados ou menos citados, que circulam pela narrativa de Caminha. É um grande universo de muitos sentimentos e ações vivas, animadas, muitas vezes contraditórias, sempre sustentado por um forte humanitarismo. O mesmo sentido da humanidade que certamente induziu D. Manuel, como última homenagem ao seu cronista do Brasil, morto em Calicute, em conceder o perdão que ele pedia para o genro, Jorge de Osório, degredado em S. Tomé: *"a ela peço que por me fazer simgular mercee mãde vijr da jlha de Sam Thomee Jorge d'Osoiro meu jenrro, o que della rreceberei em muita mercee"*.[12]

Enquanto que os personagens portugueses, mesmo aqueles sem nome, têm uma presença predominantemente individual na cena da narrativa de Caminha, os indígenas se apresentam predominantemente em forma coral. No começo, são poucos, sete ou oito, depois se fazem muitos, trezentos e cinquenta.

A presença dos indígenas é, como se dizia, quase sempre coral, ainda que algumas vezes do coro se destaquem personagens de indiscutível individualidade. Assim é para com os dois jovens índios surpreendidos por Afonso Lopes enquanto escorraçavam numa jangada nas paragens do "esquife" do piloto e que, depois, sobem com absoluta e surpreendente tranquilidade à nau capitânia; *" (...) e tomou em huũa almaadia dous daqueles homeẽs da terra mancebos e de boos corpos. e huũ deles trazia huũ arco e bj ou bij seetas e na praya amdavam mujtos cõ seus arcos e seetas e nom lhe aproveitaram. / trouveos logo ja de noute ao capitam omde foram rrecebidos com muito prazer e festa/"*.

Os dois jovens indígenas que primeiramente sobem a bordo são, como outros de seus companheiros, personagens do primeiro plano da trama narrativa, enquanto que em outros momentos da narração, a presença individual dos índios determina diretamente a escritura de Caminha, como na passagem das moças índias. Quando o narrador apresenta estas jovens ao destinatário da Carta, basta a só presença delas para condicionar a própria linguagem narrativa: *"aly amdavam antre eles tres ou quatro moças bem moças e bem jentijs com cabelos mujto pretos conprjtos pelas espadoas e suas vergonhas tam altas e tã çaradinhas tam limpas das cabeleiras que de as nos mujto bem olharmos nõ tijnhamos nhũa vergonha". (...) e huũa daquelas moças era toda timta de fumdo acima daquela timtura a qual certo era tã bem feita e tam rredomda e sua vergonha que no tijnha tam graciossa que a mujtas molheres de nossa terra vendolhe taaes feições fezera vergonha por non teerem a sua come ela./"*.

E, ao contrário, encontram-se personagens diretamente integrados na cena narrativa, com processos psicológicos diversos: o índio que recolhe afetuosamente o degredado Afonso Ribeiro, mandado solitário na direção do desconhecido contato com os indígenas e a terra; o outro índio que convida os companheiros, demasiado festejantes, a abandonar a companhia dos desconhecidos portugueses desembarcados improvisadamente naquelas terras; o ancião indígena que, diante da solenidade do ritual litúrgico celebrado por Frei Henrique de Coimbra e pelos outros sacerdotes e religiosos, adere à religiosidade do espetáculo. Comovente na sua brevidade cênica é a ação do primeiro indígena *"(...) e naquilo foy o degredado com huũ home que logo ao sair do batel ho agasalhou e levouo ataa la"*; sintética e realista, a segunda: *"amdava hy huũ que falava mujto aos outros que se afastasem mas nõ já que ma my parecese que lhes tijnham acatameto ne medo / este que os asy amdava afastando trazia seu arco e seetas e amdava tjmto de timtura vermelha pelos peitos e espadoas e pelos quadrijs coxas e pernas ataa baixo, e os vazios com a barriga e estamego era da sua propria cor e a timtura era asy vermelha que a agoa lha nã comya nem desfazia / ante quando saya da agoa era mais vermelho."*; solene e comovente apresenta-se a terceira presença: *"E depois da comunham. comungaram eses rreligiosos e sacerdotes e o capitão cõ alguũs de nos outros./ alguũs deles por o sol seer grãde e nos estando comungando alevantarãsse e outros esteverã e ficarom. / huũ deles homẽ de 1 ou 1b anos ficou aly cõ aqueles que ficaram. / aquele em nos asy estamdo ajumtava aqueles que aly ficaram e ajnda chamava outros. / este andando asy antre eles falando lhes acenou cõ o dedo pera o altar e depois mostrou o dedo pera o ceeo coma que lhes dizia alguua cousa de bem e nos asy o tomamos."*.

O personagem indígena que aparece como protagonista de um verdadeiramente convincente diálogo é o velho que na praia oferece uma pedra verde ornamental a Pedro Álvares Cabral: *"e despois moveo o capitam pera cjma ao longo do rrio que anda senpre a caram da praya e aly esperou huũ velho que trazia na maão hũa paa de almaadia. / falou estãdo o capitã com ele perante nos todos sem o nuca njnguem emtender nem ele a nos quanta cousas que l'home pregumtava de ouro que nos desejavamos saber se o avia na terra. / trazia este velho o beiço tam furado que lhe caberja pelo furado huũ gram dedo polegar e trazia metido no furado huũa pedra verde rroim que çarava per fora aquele buraco e o capitã lha fez tirar a ele nõ sey que diaabo falava e hia cõ ela pera a boca do capitam pera lhe meter. / estevemos sobriso huũ pouco rrijndo e entam enfadouse o capitã e leixouo".*

O texto de Pero Vaz de Caminha se estrutura sobre esta sutil trama de relações humanas. A linguagem se adensa internamente ao próprio desenvolvimento do diário atípico, exteriorizando-se numa linguagem rica de matizes e de expressões claras, com exceção daqueles poucos momentos mais ambíguos, quando o cronista se confronta com uma matéria ou uma circunstância existencial mais particular.[13] A linguagem se enriquece com um léxico que cobre várias áreas culturais. A transcrição lexical observa coerentemente a tendência da época, apoiando-se em critérios fonéticos, não necessariamente coerentes. Como por exemplo: *terra* apresenta-se também nas formas *tera* e *trra*; *capitã, capitam; lamçamos, lancamos; começou, comecou; parecer, pareçer, pareçiam; despois, depois; polo, polla, pola; de fonte a fomte; cõ nosco, comnosco etc.*

Os recursos estilísticos são variados, em particular o uso da ironia como procedimento metafórico – como no episódio sobre a nudez das moças indígenas. As formas mais expressivas se encontram no uso do diminutivo – *choupaninhas de rama verde* – ou nas soluções de forte coloquialismo, como "(...) *e ele nõ sey que diaabo falava*". O léxico de Caminha, nas suas linhas gerais, observa uma direção predominante realista, correspondente à proposta global que o cronista dá ao seu texto.

Notas

1. Jaime Cortesão, *A Carta de Pero Vaz de Caminha*, 2ª ed., Portugália, Lisboa, 1967, p. 133-34.

2. Ver Bibliografia, adiante.

3. Nesse sentido apresentei ao Encontro interuniversitário do "Circolo Filologico Linguistico Padovano" – *Le Forme del Diario* – em Bressanone, nos dias 14-16 de julho de 1984, a minha comunicação: "Un Diario atipico, 1ª Carta de Pero Vaz de Caminha".

4. As citações do texto são obviamente da minha leitura crítica da Carta de Caminha. Ver cap. 3.1.

5. Este, assim como outros dados da Carta, comprovam a particular e significativa posição ocupada por Caminha na armada de Cabral, e em particular as suas relações com o Capitão-mor.

6. Na armada cabralina encontravam-se trinta condenados à morte e degredados das gentes e lugares descobertos, conforme uma tradição utilitarista da política de conquista e colonialismo de Portugal.

7. Sobre a figura e o significado antropológico-cultural do intérprete – e consequentemente da política de conhecimento das línguas dos colonizados –, veja-se o iluminante ensaio de Alfredo Margarido, "La vision de l'autre (africain et indien d'Amérique) dans la Renaissanse Portugaise", in *L'Humanisme Portugais e l'Europe*, Paris, F. C. Gulbenkian, 1984, p. 507-555.

8. *Os Lusíadas*, V, 44. Cito da edição de António

José Saraiva, Figueirinhas-Padrão, Porto-Rio de Janeiro. Deve-se recordar ainda o poema de Fernando Pessoa, em *Mensagem*, endereçado a Bartolomeu Dias: "Epitáfio de Bartolomeu Dias"

> Jaz aqui, na pequena praia extrema,
> O Capitão do Fim. Dobrado o Assombro,
> O mar é o mesmo: já ninguém o tema!
> Atlas, mostra alto o mundo no seu ombro.

Sobre o episódio do "Gigante Adamastor", ver Sílvio Castro, "Camões, a crítica romântica alemã e Wagner", in *Actas IV Congresso Internacional dos Camonistas*, Un. dos Açores, 1984.

9. Ver "Notas analíticas", 1, adiante.

10. Em relação à importância europeia da viagem de Cabral e sobre a alta personalidade do descobridor do Brasil – não sempre recompensado em proporção à sua verdadeira estatura e ao profundo significado de sua missão –, veja-se Giorgio Salvini, *Venezia e Portogallo sulla via délle spezie*, ed. T. E. T., Treviso, 1982.

11. Os dois degredados deixados no Brasil retornaram a Portugal com as naves da expedição exploradora de 1501. Ver Moacyr Soares Pereira, *A Navegação de 1501 ao Brasil e Américo Vespúcio*, Rio de Janeiro, 1984.

12. Veja-se Jaime Cortesão, ob. cit., p. 363-64 (doc. n. 10).

13. Ver "Notas analíticas" 41, 44, 45 e outras mais, adiante.

DE DOCUMENTO A MONUMENTO

A CARTA DE PERO VAZ DE CAMINHA NA CULTURA E NA LITERATURA PORTUGUESA

A Carta se inscreve na particular expressão cultural portuguesa que se afirmou entre o fim do século XIV e o começo do XVI com as viagens e as descobertas marítimas. Um sentido universalista do comportamento, uma atitude realista diante dos fatos, uma aguda atenção para os menores detalhes, a abertura intelectual em relação ao diverso, a participação racional com os limitados confins do próprio universo conhecido e a correspondente ambição de conquista dos espaços materiais desconhecidos mas desejados, a capacidade de unir o sacro e o profano, o real e o abstrato, são algumas das características da nova cultura portuguesa. Nova em relação àquela típica, mais integrada nas tradições ibéricas, todavia confinada dentro dos limites de um isolamento sofrido por demasiado tempo.

São as viagens marítimas – inicialmente imaginadas por D. Dinis e objetivamente propostas por D. Henrique[1] – a endereçar a personalidade portuguesa nesta direção inovadora. De tais empresas derivam muitos documentos e obras que constituem aquilo que pode ser considerado o *corpus* do mais característico gênero literário português, a "literatura de viagem".

As navegações construíram lentamente um imenso texto expressivo, partindo da mais simples relação à mais complexa forma de testemunho que se fazem obra de arte. São textos que por mais de duzentos anos, a partir de uma idade clássica até o período barroco, fixam o drama e a epopeia do homem português em contato com a aventura, com o desconhecido.[2]

Esta "literatura de viagem" apresenta uma sua primeira manifestação nos *Roteiros*, textos ligados objetivamente às descobertas marítimas e às correspondentes viagens, das quais estes "livros de rotear" ou "livros de navegação" são a indispensável representação escrita. Naturalmente foram os *Roteiros* produzidos pelos escrivães das caravelas de D. Henrique a fonte material para as crônicas de Azurara, assim como os "livros de rotear" de D. João de Castro,[3] o mais importante exemplo do gênero, serviram de modelo em tal tradição para toda uma produção futura. Em sentido mais amplo, se inscrevem *La navigazion del capitam Pietro di Sintra portoghese scritta per messer Alvise da Ca'Mosto* e o livro *Delle navigazioni di messer Alvise da Ca'Mosto, gentiluomo veneziano,* publicados por Ramúsio pela primeira vez em 1550.[4]

Ao lado dos *Roteiros* podem ser colocados os *Diários de bordo*, naturalmente a forma mais próxima das relações dos escrivães das naves portuguesas nos diferentes momentos das navegações e descobertas. Em certo sentido, a narrativa de viagem tende obrigatoriamente para a forma do diário de bordo pelo sentido específico do tempo presente de cada navegação. Assim, além dos *Roteiros*, quase todas as outras expressões do gênero confluirão direta ou indiretamente na direção dos cânones retóricos do *Diário*. Afastam-se mais claramente destes cânones as dramáticas narrações dos naufrágios. Neste específico espaço, a "literatura de viagem" atinge a máxima intensidade dramático-expressiva, porque este reconstrói não somente a intensidade do drama típico do naufrágio, mas igualmente as desgraças vividas e sofridas pelos sobreviventes em terras nas quais chegaram por pura fatalidade. Nestas relações de naufrágio se concede espaço àquela inesperada dimensão do maravilhoso – os fatos da margem desconhecida e indesejável – que muitas vezes acompanha as viagens e as descobertas marítimas dos portugueses. Este é o tom predominante no *Naufrágio e lastimoso sucesso da perdição de Manuel de Sepúlveda* (1594), de Jerônimo Corte-Real, que é possivelmente o mais dramático testemunho de naufrágio sofrido pelos lusitanos.

A narrativa de viagem, como gênero literário, se aperfeiçoa com o tempo, passando por exemplos como o *Esmeraldo de Situ Orbis* (1505), de Duarte Pacheco Pereira; a *Relação do Reino do Congo e regiões vizinhas*, de Duarte Lopes (publicado pela primeira vez em italiano em 1591 por Filippo Pigafetta, dito diretamente pelo autor, com o título *Relazione del Reame di Congo e delle circunvicini contrade tratta dalli scritti e ragionamenti di Odoardo Lopes Portoghese*), até a intensa expressão literária da *Peregrinação*, de Fernão Mendes Pinto,[5] e a refinada manifestação barroca de D. Francisco Manuel de Melo na *Epanáfora trágica. Naufrágio da armada* (1660).[6]

Com a sua Carta, Pero Vaz de Caminha se inscreve nesta vasta tradição. Típicas dos "livros de rotear ou de navegação" são as muitas observações que o primeiro cronista do Brasil faz sobre a navegação, os dados técnicos recolhidos pelos pilotos, as rotas seguidas, as ancoragens escolhidas e tantos outros dados. Ainda que no início expresse a intenção de não ocupar o espaço já destinado às relações do "Piloto anônimo" e de Mestre João: *"da marinhajem e simgraduras do caminho nã darey aquy cõta a vossa alteza porque o nom saberey fazer e os pilotos devem teer ese cuidado"*, logo depois não sabe renunciar a uma das muitas informações técnicas com que enriquece o seu texto: *"E asy seguimos nosso caminho per este mar de lomgo ataa terça feira de oitavas de pascoa que foram xxj dias de abril que topamos alguũs synaaes de terra seemdo da dita jlha seg^o os pilotos deziam obra de bj^e 1x ou 1xx legoas"*. *(...)* (o capitão) *manddou lamçar o prumo acharam xxb braças amcorajem limpa"*.

Também o espírito trágico-dramático das relações de naufrágios pode ser encontrado no episódio pleno de densidade existencial dedicado ao desaparecimento da nau de Vasco de Ataíde: depois que a armada de Pedro Álvares Cabral havia serenamente superado as ilhas de Cabo Verde e seguia a rota do "achamento" do Brasil, no amanhecer daquele tranquilo dia, 24 de março de 1500, *"sem hy aver tempo forte nẽ contrario pera poder seer."*, desapareceu para sempre a caravela fantasma. Todos os esforços feitos para reencontrar Vasco de Ataíde e os seus marinheiros foram inúteis. A nau *"(...) nom pareceo majs"*.[7]

Assumindo a forma de um diário atípico, a Carta de Caminha fornece, como é lógico, revelações importantes não somente em relação ao novo mundo, mas dá igualmente grande ênfase a muitos e importantes dados da cultura portuguesa em contato com a realidade do maravilhoso.

As características estilísticas da grande "literatura de viagem" portuguesa – a atenção pelos detalhes; uma clara valorização da realidade, com adesão imediata ao fato objetivo; a sinceridade e a simplicidade do processo narrativo; a inteligente abertura para o mundo; o equilíbrio nos conceitos críticos; a capacidade constante de maravilhar-se – acompanham a Carta em todas as suas partes e lhe dão o valor de um documento perene da mais moderna cultura humanista de Portugal – *"e mesturaramse todos tanto comnosco que nos ajudavam deles aa caretar lenha e meter nos batees e lujtavam cõ nosos e tomavam mujto prazer. / E em quanto faziamos a lenha. faziam dous carpenteiros huũa grande cruz de huũ paao que se omtem pera ysso cortou. / mujtos deles vijnham aly estar cõ os carpenteiros e creo que o faziã mais por veerem a faramenta de ferro com q̃ a faziã q̃ por veerem a cruz porque eles nõ teem cousa que de ferro seja e cortam sua madeira e paaos com pedras feitas comas cunhas metidas em huũ paao antre duas talas muy bem atadas e per tal maneira que andam fortes seg° os homeẽs que omtem a suas casas deziam porque lha viram la. / era ja a conversaçam deles comnosco tanta que casv nos torvavam ao que aviamos de fazer./"* (...) *"ẽ maneira que sam muito mais nosos amigos que nos seus"*.

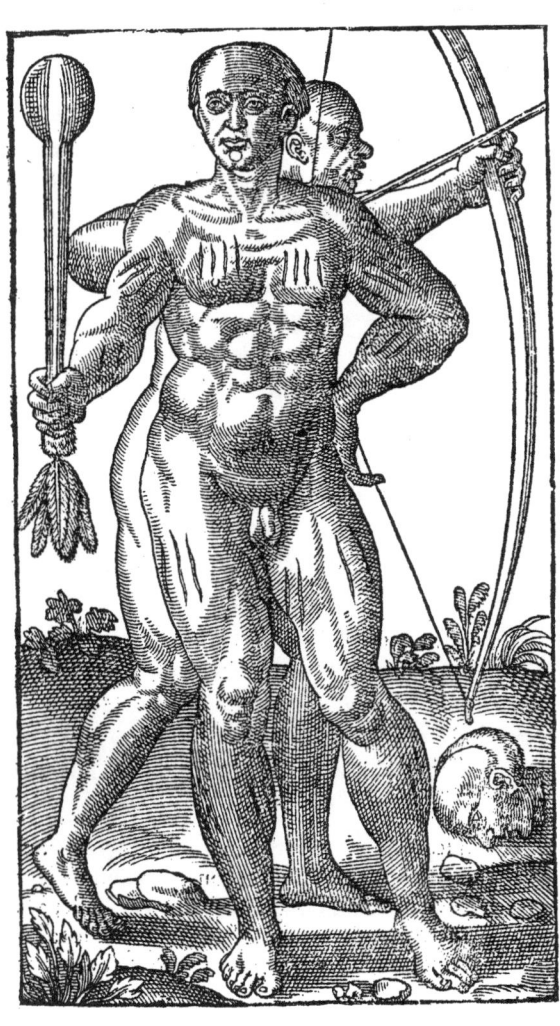

Guerreiros tupinambás (Jean de Léry, 1578).

A Carta de Pero Vaz de Caminha e o Brasil

A Carta de Caminha tem para o Brasil um duplo valor: o primeiro é aquele imediato de ser a memória estável dos primeiros atos de seu nascimento – ela permite, por isso mesmo, aos brasileiros, a consciência de uma história claramente colocada no tempo conhecido e no espaço cultural correspondente; o segundo, pelo fato de ser o duplo testemunho, que soube dar contemporaneamente, sobre os dois elementos que podem ser considerados a base do futuro indivíduo brasileiro, o português e o índio. As observações sobre os tupiniquins, com os quais o Capitão-mor Pedro Álvares Cabral se confronta em Porto Seguro, refletem o comportamento do português embebido de particular sentido de humanismo, surpreso mas disponível diante das múltiplas maravilhas da nova terra.[8]

Esta equação duplamente reveladora pode ser encontrada na própria estrutura da Carta considerada como produto literário. Comunicando a D. Manuel o "achamento", e sentindo-se fortemente envolvido naqueles eventos, Caminha nos fala tanto de si mesmo, um tipo humanista da renascença portuguesa, quanto dos índios e de seu mundo: *"(...) e tanto que o capitã fez tornar todos vieram alguũs deles a ele nõ polo conhecere por s.^{nor} ca me parece que nõ entendem ne tomavaã djsso conto mas porque a jente nossa pesava ja pera aquem do rrio. / aly falavã e traziam mujtos arcos e contjnhas daquelas ja ditas e rresgatavã por qualq̃r cousa. em tal maneira que trouveram daly pera as naaos mjtos arcos e seetas e comtas e entam tornouse o capitam aaquem do rrio e logo acodirã mujtos aa beira dele aly verjees galantes pimtados de preto e vermelho e quartejados* *asy pelos corpos como pelas pernas. que certo pareciam asy bem. / tanbem andavam antre eles iiij ou b molheres moças asy nuas que nom pareciam mal. antre as quaaes amdava huũa com huũa coxa do giolho ataa o quadril e a nadega toda tinta daquela tintura preta e o al. todo da sua propria cor. outra trazia anbolos giolhos cã as curvas asy timtas e tambem os colos dos pees. e suas vergonhas tam nuas e com tamta jnocencia descubertas que no avia hy nhuũa vergonha./".*

No sistema de confissão do eu narrador muitas vezes também se revela a realidade mais profunda do destinatário privilegiado, o Rei, D. Manuel, como no caso das repetidas evocações com respeito à futura política de catequese em terras brasileiras. Com isso, podemos compreender a integração entre a política das descobertas e da correspondente colonização e o empenho pela propagação da fé cristã, por parte do Rei de Portugal.

A integração desses fatores transforma a Carta em crônica, permitindo a preservação do tempo real observado pelo remetente e a estabilização coerente do tempo histórico brasileiro. Estes fatos fazem do Brasil, possivelmente, a única realidade geo-humana moderna possuidora da escritura do próprio ato de nascimento. E, caso raro, desta maneira aquela brasileira é uma cultura nacional que nasce diretamente ligada ao signo escrito.[9]

A sinceridade é o elemento que guia Caminha nos seus contatos com a nova gente e com a terra. Sinceridade que se apoia na observação meticulosa das coisas e que o conduz depois a conclusões que, mesmo tantas vezes condicionadas por uma posição antropológica conservadora, não carecem igualmente de genialidade.

Caminha é um produto direto da sua cultura, mas, porque esta mesma cultura é um sistema ainda incompleto, ele se mostra disponível aos mais imprevisíveis encontros.

"Esta terra Sñor me parece que da ponta q̃ mais cont^a o sul vimos ataa out^a ponta que cont^a o norte vem de que nos deste porto ouvemos vista. / sera tamanha que avera neela bem xx ou xxb legoas per costa. / traz ao lomgo do mar em algüas partes grandes bareiras delas vermelhas e delas bramcas e a terra per cima toda chaã e muito chea de grandes arvoredos. / de pomta a pomta he toda praya parma mujto chaã e mujto fremosa." (...) "pero a terra em sy he de mujto boos aares asy frios e tenperados coma os de Antre Doiro e Minho porque neste tempo d'agora asy os achavamos coma os de la / agoas sam mujtas jmfindas. E em tal maneira he graciosa que querendoa aproveitar darsea neela tudo per bem das agoas que tem./".

Notas

1. Sobre a particular importância de D. Dinis para a política de expansão marítima de Portugal, ver Américo Cortes Pinto, *Diónisos-poeta e rei* (*os costumes, a arte e a vida medieval portuguesa na época de D. Dinis*), Inst. Cultura e Língua Portuguesa, Lisboa, 1982.

2. Ver António José Saraiva-Oscar Lopes, *História da Literatura Portuguesa*, 7ª ed., Ed. Porto, Porto, s. d. (cap. VII); J. S. da Silva Dias, *Os Descobrimentos e a problemática cultural do século XVI*, Presença, Lisboa, 1982.

3. Ver Elaine Sanceau, *D. João de Castro* (trad. de A. A. Dória), Porto, 1946.

4. Ver Giovanni Battista Ramúsio, *Navigazioni e Viaggi*, (org. de Marica Milanesi), 6 vv., Einaudi, Turim, 1978 (vol. I, p. 460-588).

5. Ver Fernão Mendes Pinto, *Peregrinazione* (trad. it. de Erilde Melilo Reali, Longanesi, Milão, 1970. Igualmente de E. M. Reali, veja-se "Note sull'esotismo nella *Peregrinação* di F. M. P.", in *Annali Sezione Romanza*, Un. de Nápoles, 9, n. 2, 1969. Neste mesmo terreno, ver Rebecca Catz, *Sátira e anticruzada na Peregrinação*, Biblioteca Breve, Inst. Cultura e Língua Portuguesa, Lisboa, 1981; e Manuel Simões, "A construção da sátira na 'peregrinação': o 'outro' como máscara de Fernão Mendes Pinto", in *Quaderni di letterature iberiche e iberoamericane*, Cisalpino-La Goliardica, Milão, n. 2, 1984, p. 53-61. Para o texto, vejam-se a ed. de António José Saraiva, Lisboa, Sá da Costa, 3vv., 1961-1974, e a de Adolfo Cosais Monteiro, com a transcrição da edição *princeps* de 1614 (Lisboa, Imprensa Nacional-Casa da Moeda, 1983).

6. Esta *Epanáfora* faz parte das *Epanáforas de Vária História Portuguesa*, de D. Francisco Manuel de Melo. Ver o correspondente verbete de Jacinto do Prado Coelho no *Dicionário de Literatura*, 3ª ed., Figueirinhas, Porto, 1983. (vol. I, p. 290-291).

7. Sobre a "História trágico-marítima", coleção clássica de Bernardo Gomes de Brito, 1735, veja-se a ed. org. por Damião de Peres, Porto, 1942-43. Veja-se igualmente Giulia Lanciani, *Os relatos de naufrágios*

na literatura portuguesa dos séculos XVI-XVII, Lisboa, M. E. C., 1979; Antonio Tabucchi, "Interpretazioni della "História Trágico-Marítima' nelle licenze per il suo imprimatur", in *Quaderni Portoghesi*, 5, 1979; Giuseppe Tavani, "Termini marinareschi africani e asiatici nelle relazioni portoghesi di naufragi", in *Bolletino Dell'Atlante Linguistico Mediterraneo*, 13-15, 1971-73 (1976).

8. Sobre os mitos possivelmente presentes na Carta de Pero Vaz de Caminha, ver Sérgio Buarque de Hollanda, *A visão do paraíso*, J. Olympio, Rio de Janeiro, 1959; J. B. da Silva Dias, op. cit. Mais especificamente sobre a revelação do Brasil, ver Luís Filipe Barreto, *Descobrimentos e Renascimento* (Formas de ser e pensar nos séculos XV e XVI), Imprensa Nacional-Casa da Moeda, Lisboa, 1983 (em modo particular o cap. III).

9. Como desenvolvimento desta proposta de compreensão cultural do fenômeno brasileiro, veja-se o Apêndice 2 do presente volume.

Pedraluis cabral.

Leitura Crítica, Transcrição e Versão da Carta

Leitura da Carta de Pero Vaz de Caminha

"Em nosso entender, uma edição de um texto literário quatrocentista não pode nem deve ser concebida como exercício de paleografia, com reprodução servil de todos os pormenores gráficos, casuais ou individuais, de quem redigiu ou copiou o códice, trabalho de que um filólogo nunca se poderá, aliás, desempenhar tão bem como uma máquina fotográfica." Baseando-se em premissas semelhantes a esta de Joseph M. Piel (*Livros dos Ofícios*, introdução), Serafim da Silva Neto, no seu *Textos Medievais Portugueses e seus problemas* (Rio de Janeiro, 1956), elabora e propõe uma série de normas para uma edição crítica de textos portugueses até os Quinhentos, dentro, portanto, do chamado "período fonético" da língua.

Na sua análise paleográfica do texto de Caminha, o polígrafo Jaime Cortesão observava que – "Considerada sob o ponto de vista paleográfico, a Carta pertence ao tipo de letra *cursiva processal*, degeneração da *cursiva cortesã*, isto é, traçada mais *corrente cálamo*, e em que, por isso mesmo, ainda que os caracteres e as abreviaturas permaneçam semelhantes, a sua figuração em conjunto é mais distendida, volumosa, descuidada, rica de enlaces ou irregular na separação das palavras".

Na nossa leitura crítica do texto de Caminha seguimos o espírito da lição de Serafim da Silva Neto, em suas linhas gerais, dando por definitivamente assegurado o conhecimento dos problemas paleográficos relacionados com este texto essencial para o primeiro contato com a história brasileira. Assim, substituímos as letras *u* e *i* por *v* e *j,* ali onde eram usadas com função de consoante e nos possíveis casos de difícil compreensão do léxico; separamos as palavras geminadas do original de Caminha, porém não observamos esta regra para o pronome proclítico e assim como para os casos semelhantes a *todolos, todalas* etc., para desta maneira procurar a melhor adesão à intimidade do momento expressivo do cronista de Cabral; unificamos os usos diferenciados de uma mesma palavra, como no caso de *terra*, *tera*, assim como fizemos o mesmo para as palavras onde aparecem indistintamente *ç* e *c*, seguindo a norma atual; naqueles casos em que o desdobramento das abreviações não provocava dificuldades à compreensão – e isto aconteceu quase sempre – o fizemos; porém não introduzimos nenhuma forma de acento tônico, assim como respeitamos absolutamente as formas linguísticas; mantivemos a pontuação original de Caminha, por si mesma já muito clara em relação ao pouco cuidado geralmente encontrável nos textos do período quanto a este problema; finalmente, respeitamos *ad hoc*, com exceção dos casos já citados, a grafia medieval, norma que igualmente nos guiou no complexo caso dos ditongos nasais.

Seja para esta leitura e transcrição crítica, seja igualmente para a versão moderna da Carta, consideramos em modo particular as lições de João Ribeiro,

Carolina Michaelis de Vasconcelos, Jaime Cortesão e Sílvio Batista Pereira.

Transcrição crítica

Sñor

posto que o capitam moor desta vossa frota e asy os outros capitaães screpuam a vossa alteza a noua do achamento[1] desta vossa terra noua que se ora neesta nauegaçam achou. nom leixarey tambem de dar disso minha comta a vossa alteza asy como eu milhor[2] poder ajmda que pera o bem contar e falar o saiba pior que todos fazer./ pero tome vossa alteza minha jnoramcia por boa vomtade. a qual bem certo crea q̃ por afremosentar nem afear aja aquy de poer mais ca aquilo que vy e me pareceo./ da marinhajem e simgraduras do caminho nõ darey aquy cõta a vossa alteza porque o nom saberey fazer e os pilotos devem teer ese cuidado e portanto Sñor do que ey de falar começo e diguo. / que a partida de Belem como vossa alteza sabe foi seg[da] feira ix de março.[3] e sabado xiiij do dito mes amtre as biij e ix oras nos achamos amtre as Canareas mais perto da Gram Canarea e aly amdamos todo aquele dia em calma a vista delas obra de tres ou quatro legoas. e domingo xxij do dito mes aas x oras pouco mais ou menos ouvemos vista das jlhas do Cabo Verde. s. da jlha de Sã Njcolaao seg[o] dito de Pero Escolar[4] piloto, e a noute segujnte aa seg[da] feira lhe amanheceo se perdeo da frota Vaasco de Atayde com a sua naao sem hy aver tempo forte ñe contrairo pera poder seer. fez o capitam suas deligencias pera o achar a huũas e a outras partes e nom pareceo majs.[5] / E asy

segujmos nosso caminho per este mar de lomgo[6] ataa
terça feira de oitavas de pascoa que foram xxj dias de
abril que topamos alguũs synaaes de terra semdo da dita
jlha seg° os pilotos deziam obra de bj^e lx ou lxx legoas.
os quaaes herã mujta camtidade de ervas compridas a
que os mareantes chamã botelho e asy outras a que
tambem chamã rrabo de asno. / E aa quarta feira segujnte pola manhã topamos aves a que chamã fura buchos
e neeste dia a ora de bespera[7] ouvemos vjsta de terra s.
premeiramente de huũ gramde monte muy alto. e rredondo de outras serras mais baixas ao sul dele e de
terra chã com grandes arvoredos. ao qual monte alto o
capitam pos nome o monte Pascoal e aa terra a Terra de
Vera Cruz.[8] mandou lamçar o prumo acharam xxb braças[9] e ao sol posto obra de bj legoas de terra surgimos
amcoras em xix braças amcorajem limpa. aly jouvemos
toda aquela noute. e aa quinta feira pola manhaã fezemos
vella e segujmos dir^tos aa terra e os navjos pequenos diãte
himdo per xbij xbj xb xiiij xiij xij x. e ix braças ataa mea
legoa de terra omde todos lançamos amcoras em dir^to da
boca de huũ rrio e chegariamos a esta amcorajem aas x
oras pouco mais ou menos a daly ouvemos vista de
homeẽs q̃ amdavam pela praya obra de bij ou biij seg°
os navjos pequenos diseram por chegarem primeiro. /
aly lançamos os batees e esquifes fora e vieram logo
todolos capitaães das naaos a esta naao do capitam moor
e aly falaram. e o capitam mandou no batel em terra
Njcolaao Coelho pera veer aq̃le rrio e tamto que ele
começou pera la de hir acodirã pela praya homeẽs quando dous quado tres de maneira que quando o batel
chegou aa boca do rrio heram aly xbiij ou xx homeẽs
pardos todos nuus sem nhuũa cousa que lhes cobrisse
suas vergonhas. traziam arcos nas maãos e suas seetas.

vijnham todos rrijos pera o batel e Njcolaao Coelho lhes fez sinal que posesem os arcos. e eles os poseram.[10] aly nom pode deles auver fala nẽ entẽdimento que aproveitasse polo mar quebrar na costa. soomente deulhes huũ barete vermelho e huũa carapuça de linho que levava na cabeça e huũ sombreiro prto. E huũ deles lhe deu sombreiro de penas de aves compridas cõ huũa copezinha pequena de penas vermelhas e pardas como a de papagayo[11] e outro lhe deu huũ rramal grande de comtinhas brancas meudas que querem parecer de aljaauveira as quaaes peças creo que o capitam manda a vossa alteza e com isto se volveo aas naaos por seer tarde e nom poder deles aver mais fala por aazo do mar. / a noute segujnte ventou tamto sueste cõ chuvaceiros que fez caçar as naaos e especialmente a capitana. E aa sesta pola manhaã as biij oras pouco mais ou menos per conselho dos pilotos mandou o capitam levantar amcoras e fazer vela e fomos de lomgo da costa com os batees e esquifes amarados per popa comtra o norte pera veer se achavamos alguũa abrigada e boo pouso omde jouvesemos pera tomar agoa e lenha, nom por nos ja mjmguar mas por nos acertamos aquy e quamdo fezemos vela seriam ja na praya asentados jumto cõ o rrio, obrra de 1x ou 1xx homeẽs que se jumtaram aly poucos e poucos / fomos de lomgo e mandou o capitam aos navios peqnos que fosem mais chegados aa terra e que se achasem pouso seguro pera as naaos que amaynassem. E seendo nos pela costa obra de x legoas domde nos levantamos acharam os ditos navios peqnos huũ arrecife com huũ porto dentro muito boo e muito seguro com huũa muy larga entrada e meteramse dentro e amaynaram. e as naaos arribaram sobre eles. e huũ pouco amte sol posto amaynarom obra de huũa legoa do arrecife e ancoraramse em xj braças. / E seendo Afonso Lopes nosso piloto em huũ daqueles navjos pequenos per mandado do capitam por seer homẽ vyvo e deestro per jsso meteose loguo no esquife a somdar o porto demtro e tomou em huũa almaadia dous daqueles homeẽs da terra mancebos e de boos corpos. e huũ deles trazia huũ arco e bj ou bij seetas e na praya amdavam mujtos cõ seus arcos e seetas e nom lhe aprouveitaram. / trouveos logo ja de noute ao capitam omde foram recebidos com muito prazer e festa. / a feiçam deles he seerem pardos maneira de avermelhados de boõs rrostros e boos narizes bem feitos. – amdam nuus sem nhuũa cubertura. nem estimam nhuũa coussa cobrir nem mostrar suas vergonhas. e estam acerqua disso com tamta jnocemcia como teem em mostrar o rrosto. / traziam ambos os beiços de baixo furados e metidos por eles senhos osos de oso bramcos de compridam de huũa mão travessa[12] e de grosura de huũ fuso de algodam e agudos na põta coma furador. metẽnos pela parte de dentro do beiço e o que lhe fica amtre o beiço e os dentes he feito coma rroque de enxadrez. e em tal maneira o trazem aly emcaxado que lhes nom da paixã nem lhes torva a fala nem comer nem beber. / os cabelos seus sam coredios e andavã trosqujados de trosquya alta mais que de sobre pemtem de boa gramdura e rrapados ataa per cjma das orelhas.[13] e huũ deles trazia per baixo da solapa de fonte a fonte pera detras huũa maneeira de cabeleira de penas de ave amarela que seria de compridam de huũ couto.[14] muy basta e muy çarada que lhe cobria o toutuço e as orelhas.[15] a qual amdava pegada nos cabelos pena e pena com huũa comfeiçam branda coma cera e nõ no era. de maneira que amdava a cabeleira muy rredomda e muy basta e muy jgual que no fazia mjngoa mais levajem pera a levantar. / o capitaam quando eles vieram estava asentado em huũa cadeira e huũa alcatifa aos pees por estrado e bem vestido cõ huũ colar de ouro muy grande ao pescoço. e Sancho de Toar e Simam de Miranda e Njcolaao Coelho e Aires Corea e nos outros que aquy na naao cõ ele himos asentados no chaão per esa alcatifa. / acemderam tochas e emtraram e nõ fezeram nhuũa mençam de cortesia nem de falar ao capitam nem a njinguem. pero huũ deles pos olhos no colar do capitam e começou de acenar cõ a mão pera a terra e despois pera o colar como que nos dezia que avia em terra ouro e tambem vio huũ castiçal de prata e asy meesmo acenava pera a terra e entã pera o castiçal como que avia tambem prata. / mostrarãlhes huũ papagayo pardo que aquy o capitam traz. / tomãrano logo na mão e acenaram pera a terra como que os avia hy. / mostraranlhes huũ carneiro no fezeram dele mençam. mostraranlhes huũa galinha casy aviam medo dela e no lhe queriam poer a mão e depois aa tomaram coma espamtados. / deranlhes aly de comer pam e pescado cozido. confejtos fartees mel e figos pasados. nõ quiseram comer daquilo casy nada e alguũa coussa se aprovavans lamçavãna logo fora, trouveranlhes vinhos per hua taça. poseranlhe asy a boca tã malaues e nõ gostarã dele nada nem o quiseram mais / trouveramlhes agoa per huũa albarada tomaram dela senhos bocados e nõ beberam. sõm^{te} lavarã as bocas e lamçaram fora. Vio huũ deles huũas contas de rrosairo brancas. acenou que lhas desem e folgou muito com elas e lançouas ao pescoço e depois tirouas e enbrulhouas no braço e acenava pera a terra e entã pera as contas e pera o colar do capitam como que dariam ouro por aquilo. Isto tomavamonos asy polo desejarmos[16] / mas se ele queria dizer que levaria as contas e mais o colar. jsto nom querjamos

emtender porque lho nõ aviamo de dar e despois tornou
as contas a quem lhas deu e entã estiraranse asy de
costas na alcatifa a dormir sem teer nhuũa maneira de
cobrirem suas vergonhas as quaaes nõ herã fanadas[17] e
as cabeleiraas delas bem rrapadas e feitas. / o capitã lhes
mandou poer aas cabeças senhos coxijs e o da cabeleira
procurava assaz polla nõ quebrar e lançarãlhes huũ
manto e cjma eles cõsentiram e jouveram e dormiram.
/ . / ao sabado pola manhaã mandou o capitã fazer vella
e fomos demandar a emtrada a qual era muy largua e
alta de bj bij braças e entraram todalas naaos demtro e
amcoraramse em b bj braças/ a qual amcorajem dentro
he tam grande e tã fremosa e tam segura que podem
jazer dentro neela mais de ij[e] navjos e naaos. e tamto
que as naaos foram pousadas amcoradas vieram os capitaães todos a esta naao do capitam moor e daquy
mandou o capitã a Njcolaao Coelho e Bertolameu Dijz
que fossem em terra e levasem aqueles dous homeẽs e
os lexasem hir com seu arco e seetas. aos quaes mãdou
dar senhas camisas novas e senhas carapuças vermelhas
e dous rrosairos de contas brancas de oso que eles levavam nos braços e senhos cascavees e senhas canpainhas.
e mandou cõ eles pera ficar la huũ mancebo degredado
criado de dom Joham Teelo a q̃ chamã Afonso Rribeiro
pera ambar la com eles e saber de seu vjver e maneira[18]
e a my mandou que fose cõ Njcolaao Coelho[19] / fomos
asy de frecha djreitos aa praya / aly acodiram logo obra
de ij[e] homeẽs todos nuus e cõ arcos e seetas nas maãos.
/ aqueles que nos levavamos aceneramlhes que se afastasem e posesem os arcos e eles os poseram e nom se
afastavam muito. / abasta que poseram seus arcos e
emtam sairam os que nos levavamos e o mancebo de-
gradado cõ eles, os quaaes asy como sairã nom pararam

mais nem esperava huũ por outro se nõ a quem mais
coreria e pasarã huũ rrio que per hy core d'agoa doce de
mujta agoa que lhes dava pela braga e outros mujtos cõ
eles e foram asy coredo aalem do rrio antre huũas mou-
tas de palmas onde estavam outros e aly pararon e
naquilo foy o degredado com huũ homẽ que logo ao sair
do batel ho agasalhou e levouo ataa la e logo ho tornaram
a nos e com ele vieram os outros que nos levamos os
quaaes vijnham ja nuus e sem carapuças. E entam se
começaram de chegar mujtos e emtravam pela beira do
mar pera os batees ataa que mais nom podiam e traziam
cabaços d'agoa e tomavã alguũs barijs que nos levamos
e emchianos d'agoa e trazianos aos batees. nõ que eles
de todo chegasem a bordo do batel. mas junto cõ ele
lançavãno da mão e nos tomavamolos e pediam que
lhes desem alguũa coussa. / levava Njcolaao Coelho
cascavees e manjlhas e huũs dava huũ cascavel e a outros
huũa manjlha de maneira que com aquela emcarna[20] casy
nos queriam dar a mão. Davãnos daqueles arcos e
seetas por sonbreiros e carapuças de linho e por qualq̃r
coussa que lhes home queriã dar. / daly se partirã os
outros dous mancebos que nom os vimos mais. / amdavam aly mujtos deles ou casy a maior parte, que todos
traziam aqueles bicos de oso nos beiços e alguũs que
amdavam sem eles traziam os beiços furados e nos
buracos traziam huũs espelhos de paao que pareciam
espelhos de boracha[21] e alguũs deles traziam tres daqueles bicos. s. huũ na metade e os dous nos cabos. e amdavam hy outros quartejados de cores. s. deles a meetade
da sua propria cor e a meetade de timtura negra maneira de azulada e outros quartejados de escaques. / aly
amdavam antre eles tres ou quatro moças bem moças e
bem jentijs com cabelos mujto pretos comprjdos pelas

espadoas e suas vergonhas tam altas e tã çaradinhas e
tam limpas das cabeleiras que de as nos mujto bem
olharmos nõ tinhamos nhuũa vergonha.[22] / aly por emtam
nom ouve mais fala ne emtendimento cõ eles por a
berberja deles seer tamanha que se nom emtendia nem
ouvja njnge. / açenamoslhe que se fosem e asy o fezeram
e pasaranse aalem do rrio e sairã tres ou quatro homeẽs
nosos dos batees e emcherã nõ sey quantos barrijs d'agoa
que nos levavamos e tornamonos aas naaos. / e em nos
asy vijndo acenarãnos que tornasemos. / tornamos e eles
mandarom o degredado e nom quiseram que ficasse la
cõ eles. / o qual levava huũa bacia pequena e duas ou
tres carapuças vermelhas pera darla ao S^{or} se o hy ouve-
se. / nõ curarã de lhes tomar nada e asy o mandaram com
tudo e entam Bertolameu Dijz o fez outra vez tornar que
lhes dese aquilo. e ele tornou e deu aquilo ẽ vista de nos
aaquele que o da prim^a agasalhou e enteam veosse e
trouvemolo. / este que o agasalhou era ja de dias e
amdava todo por louçaynha cheo de penas pegadas pelo
corpo que parecia asseetado coma Sam Sabastiam.[23]
outros traziã carapuças de penas amarelas e outros de
vermelhas e outros de verdes. e hũa daquelas moças era
toda timta de fumdo acjma daquela timtura a qual certo
era tã bem feita e tam rredomda e sua vergonha que ela
no tijnha tam graciossa que a mujtas molheres de nossa
terra vendolhe taaes feições fezera vergonha por nom
teerem a sua come ela.[24] / nhuũ deles nõ era fanado mas
todos asy coma nos[25] e com jsto nos tornamos e eles
foramsse / / aa tarde sayo o capitã moor ẽ seu batel cõ
todos nos outros e com os outros capitaães das naaos
em seus batees a folgar pela baya a caram da praya mas
njmguem sayo em terra polo capitã nom querer sem
embargo de njmguem neela estar. / soomente sayo ele

com todos em huũ jlheeo grande que na baya esta que
de baixamar fica muy vazio pero he de todas partes
cercado d'agoa que nõ pode njmguem hir a ele sem
barco ou a nado. / aly folgou ele e todos nos outros bem
hua ora e mª e pescaram hy amdando marinheiros cõ
huũ chimchorro e matarom pescado meudo nõ mujto. e
entã volvemonos aas naaos ja bẽ noute. / ao domjngo
de pascoela pola manhaã detremjnou o capitam de hir
ouvir misa e preegaçam naquele jlheeo. e mandou a
todolos capitaães que se corejesem nos batees e fosem
cõ ele asy foy feito. / mandou naquele jlheeo armar huũ
esperavel e dentro neele alevantar altar muy bem core-
gido e aly com todos nos outros fez dizer a misa a qual
dise o padre frey Amrique em voz entoada e oficiada cõ
aquela meesma voz pelos outros padres e sacerdotes[26]
que aly todos heram. / a qual misa segundo meu parecer
foi ouvida per todos cõ mujto prazer e devaçom.[27] aly
era com o capitam a bandeira de Cristo com que sayo
de Belem a qual esteve senpre alta aa parte do avamjelho.[28] / acabada a misa desvestiosse o padre e posese em
huũa cadeira alta e nos todos lamçados per esa area e
preegou huũa solene e proveitosa preegaçom da estorea
do avamjelho. e em fim dela trautou de nossa vijnda e
do achamento desta terra cõformandose cõ o sinal da
cruz so cuja obediencia vijmos a qual veo mujto a pre-
posito e fez muita devaçom.[29] em quanto estevemos aa
misa e aa pregaçom seriã na praya outª tanta gente pouco mais ou menos como os de omtem cõ seus arcos e
seetas os quaaes amdavam folgando e olhandonos e
aseẽtararamse. e depois de acabada a misa aseẽtados nos
aa pregaçom alevantaramse mujtos deles e tanjeram
corno ou vozina[30] e começaram a saltar e dançar huũ
pedaço. e alguũs deles se metiam em almaadias duas ou

tres que hy tijnham as quaaes nõ sam feitas como as que eu ja vy. soom^te sam tres traves atadas jumtas e aly se metiam iiij ou b ou eses que queriam nõ se afastando casy nada da terra se nõ quanto podiam tomar peẽ. / acabada a pregaçõ moveo o capitã e todos pera os batees cõ nosa bandeira alta e enbarcamos e fomos asy todos contra a terra pera pasarmos ao longo per onde eles estavam hjndo Bertolameu Dijz em seu esquife per mãdado do capitam diamte cõ huũ paao de huũa almadia que lhes o mar levara pera lho dar e nos todos obra de tiro de pedra[31] tras ele. como eles viram ho esquife de Bertolameu Dijz chegarãse logo todos e agoa metendose neela ataa onde mais podiam, acenaranlhes que posesem os arcos e mujtos deles os hiam logo poer e terra e outro os nõ punham. amdava hy huũ que falava mujto aos outros que se afastasem mas nõ ja que ma my paracese que lhe tijnham acatameto nẽ medo / este que os asy amdava afastando trazia seu arco e seetas e amdava tjmto de timtura vermelha pelos peitos e espadoas e pelos quadrijs coxas e pernas ataa baixo. e os vazios com a barriga e estamego era da sua propria cor e timtura era asy vermelha que a agoa lha nã comya nem desfazia / ante quando saya da agoa era mais vermelho./ sayo huũ homẽ do esquife de Bertolameu Dijz. e andava antre eles sem eles emtenderem nada neele quanta pera lhe fazerem mal. se nõ quãto lhe davam cabaaços de agoa e acenavã aos do esquife que saisem em terra[32] cõ jsto se volveo Bartolameu Dijz ao capitam e viemonos aas naaos a comer tanjendo tronbetas e gaitas sem lhes dar mais apresam e eles tornaramse a asentar na praya E asy por entam ficarã. / neeste jlheo omde fomos ouvir misa e preegaçã espraya muito a agoa e descobre mujta area e mujto cascalhaao, forã alguũs em nos hy estãdo buscar mariscos e nõ no acharom. e achará alguũs camaroões grosos e curtos. / amtre os quaaes. vijnha huũ mujto grande camarã e muito grosso que em nhuu tempo o vy tamanho. tambem acharom cascas de bergoões e de ameijeas mas nõ toparã cõ nhuũa peça jnteira e tamto que comemos vieram logo todolos capitaães a esta naao per mandado do capitã moor com os quaaes se ele apartou e eu na companhia e preguntou asy a todos se nos parecia seer bem mandar a nova do achamento desta terra a vosa alteza pelo navio dos mantijm^{tos} pera a milhor mãdar descobrir e saber dela mais do que agora nos podiamos saber por hirmos de nosa viajem e antre mujtas falas que no caso se fezeram foy per todos ou a mayor parte dito que seria mujto bem. e njsto concrudiram. / e tamto q̃ a concrusam foy tomada. pregumtou mais se seria boo tomar aquy per força huu par destes homeẽs. para os mandar a vossa alteza. e leixar aquy por eles outros dous destes degredados. / a esto acordaram que nõ era necesareo tomar per força homeẽs. porque jeeral costume era dos que asy levavom per força pera algũa parte dizerem que ha hy todo o que lhe preguntam. / e que mjlhor e muito mjlhor enformaçom da terra dariam dous homeẽs destes degredados que aquy leixasem. do que eles dariam se os levasem por seer jente que njmguem emtende nem eles tam cedo apredariam a falar pera os sabere tam bem dizer que mujto mjlhor ho estoutros nom digam quando ca vosa alteza mandar. e que portanto nom curasem aquy de per força tomar njmguem nem fazer escandolo pera os de todo mais amãsar e apaceficar. / se nom soom^{te} leixar aquy os dous degradados quando daquy partisemos. / e asy por milhor parecer a todos ficou detremjnado / ./ acabado jsto. dise o capitam que fosemos nos batees em terra e veersia

bem o rrio quejando era. e tambem para folgarmos. /
fomos todos nos batees em terra armados e a bandeira
cõ nosco. / eles amdavam aly na praya aa boca do rrio
omde nos hiamos e ante que chegasemos. / do emsino
que dantes tijnham poseram todos os arcos e acenavam
que saisemos e tanto que os batees poserã as proas em
terra pasarãse logo todos aalem do rrio o qual nõ he mais
ancho que huũ jogo de manqual[33] e tanto que os batees
poserã as proas em terra pasarãse logo o rrio e foram
antrelles. / e alguũs aguardavam e outros se afastavam.
pero era a cousa de maneira que todos amdavam mesturados. / eles davam deses arcos com suas seetas por
sonbreiros e carapuças de linho e por quallqr cousa que
lhes davam. / pasaram aalem tamtos dos nosos e amdavam assy mesturados cõ eles. que eles se esquijvam
e afastavamse e hianse deles pera acjma onde outros
estavam e entã o capitam fezese tomar ao colo de dous
homeẽs e pasou o rrio e fez tornar todos. / a jente que
aly era nõ serja mais ca aquela que soya. / e tanto que o
capitã fez tornar todos vieram alguũs deles a ele nõ polo
conhecere por S.ᵒʳ ca me parece que nõ entendem ne
tomavaã djsso conto mas porque a jente nossa pasava
ja pera aquem do rrio. / aly falavã e traziam mujtos arcos
e contjnhas daquelas ja ditas e rresgatavã por qualq̃r
cousa. em tal maneira que trouveram daly pera as naaos
mujtos arcos e seetas e comtas e entam tornouse o capitam aaquem do rrio e logo acodirã mujtos aa beira dele
aly verjees[34] galantes pimtados de preto e vermelho e
quartejados asy pelos corpos como pelas pernas. que
çerto pareciam asy bem. / tambem andavam antre eles
iiij ou b molheres moças asy nuas que nom pareçiam
mal. antre as quaaes amdava huũa com huũa coxa do
giolho ataa o quadril e a nadega toda tjnta daquela tin-

tura preta e o al. todo da sua propria cor outra trazia anbolos giolhos cõ as curvas asy timtas e tambem os colos dos pees. e suas vergonhas tam nuas e com tamta inocencia descubertas que nõ avia hy huũa vergonha. / tambem andava hy outra molher moça com huũ menjno ou menina no colo atado com huũ pano nõ sey de que aos peitos. que lhe nõ parecia se nõ as pernjnhas. / mas as pernas da may e o al nõ trazia nhuũ pano. / e depois moveo o capitam pera cjma ao longo do rrio que anda senpre a caram da praya e aly esperou huũ velho que trazia na mão huũa paa de almaadia. / falou estãdo o capitã com ele perante nos todos sem o nuca njnguem emtender nem ele a nos quanta cousas que lo homẽ pregumtava de ouro que nos desejamos saber se o avia na terra.[35] / trazia este velho o beiço tam furado que lhe caberja pelo furado huũ gram dedo polegar e trazia metido no furado huũa pedra verde rroim que çarava per fora aquele buraco e o capitã lha fez tirar e ele nõ sey que diaabo falava e hia cõ ela pera a boca do capitam pera lha meter. / estevemos sobreisso huũ pouco rrijmdo e entam enfadouse o capitã e leixouo. e huũ dos nosos deulhe pola pedra huũ sonbreiro velho nõ por ela valer algua coussa. mas por mostra. e despois a ouve o capitam. creo per cõ as outras cousas a mandar a vossa alteza. / amdamos per hy veendo a rribeira a qual he de muita agoa e mujto boa. / ao longo dela ha mujtas palmas nõ muito altas em que ha muito boos paalmjtos. colhemos e comemos deles mujtos. / entã tornouse o capitã per abaixo pera a boca do rrio onde desenbarcamos e aalem do rrio amdavã mujtos deles damçando e folgando huũs antre outros sem se tomarem pelas mãos e fazião bem. / pasouse emtam aalem do rrio Diego Dijz alx[e] que foy de Sacavens que he home gracioso e de prazer e levou comsigo huũ gayteiro noso cõ sua gaita e meteose cõ eles a dançar tomandoos pelas maãos e eles folgavam e rriam e amdavam cõ ele muy bem ao soõ da gaita. despois de dançarem fezlhe aly amdando no chaão mujtas voltas ligeiras e salto rreal[36] de que se eles espantavam e rriam e folgavã mujto. e com quanto os cõ aquilo muito segurou e afaagou. tomavam logo huũa esqujveza coma monteses e foranse pera cjma.[37] E entã o capitã pasou o rrio cõ todos nos outros e fomos pela praya de longo himdo os batees asy a caram de terra e fomos ataa huũa lagoa grande d'agoa doce que esta jumto com a praia porque toda aquela rribeira do mar he apaulada per cjma e say a agoa per mujtos lugares e depois de pasarmos o rrio foram huũs bij ou biij deles amdar antre os marinheiros que se recolhiã aos batees e levaram daly huũ tubaram que Bertolameu Dijz matou e levavalho e lançouo na praya.[38] / abasta que ataa aquy como quer que se eles em alguũa parte amansasem logo de huũa maão pera a outra se esqujavam como pardaaes de cevadoiro e homẽ nom lhes ousa de falar rrijo por se mais nom esquivarem e todo se pasa como eles querem polos bem amansar.[39] / ao velho cõ que o capitam falou deu huũa carapuça vermelha e com toda a fala que cõ ele pasou e com a carapuça que lhe deu. tanto que se espedio que começou de pasar o rrio. foise logo rrecatando. e nõ qujs mais tornar do rrio pera aquem. / os outros dous que o capitão teve nas naaos a que deu o que ja dito he. numca aqui mais pareceram. de que tiro seer jente bestial e de pouco saber e por ysso sam asy esqujvos.[40] / eles porem cõ tudo andam mujto bem curados e mujto limpos e naquilo me parece ajmda mais que sam coma aves ou alimareas monteses que lhes faz hoaar mjlhor pena e mjlhor cabelo que aas mansas.

/ porque os corpos seus sam tam limpos e tam gordos e tam fremosos que nõ pode mais seer.[41] e jsto me faz presumir que nõ teem casas ne moradas em que se colham e o aar a que se criam os faz taaes. / ne nos ajnda ataa agora nom vimos nhuũas casas nem maneiras delas.[42] / mandou o capitã aaquele degredado Afonso Ribeiro que se fosse outra vez com eles. o qual se foy e andou la huũ boõ pedaço e aa tarde tornou-se que o fezerã vijr e nõ o quiseram la consemtir e derãlhe arcos e seetas e nõ lhe tomarã nhuũa cousa do seu. / ante dise ele que lhe tomara huũ deles huũas continhas amarelas que ele levava e fogia cõ elas e ele se queixou e os outros foram logo apos ele e lhas tomaram e tornaranlhas a dar e emtam mãdarão vijr.[43] / dise ele que nõ vira la antre eles se nõ huũa choupanjnhas de rrama verde e de feeitos mujto grandes coma de Amtre Doiro e Mjnho e asy nos tornamos aas naaos ja casy noute a dormjr. / aa segunda feira depois de comer saimos todos ẽ terra a tomar agoa. / aly vieram emtam mujtos. mas nõ tamtos coma as outras vezes e traziã ja muito poucos arcos e esteverã asy huũ pouco afastados de nos. e despois poucos e poucos mesturaranse cõnosco. e abraçavãnos e folgavam e alguũs deles se esqujvavam logo. / aly davam alguus arcos por folhas de papel e por algua carapucinha velha e por qualqr cousa E em tal maneira se pasou a cousa que bem xx ou xxx pesoas das nosas se forã cõ elles onde outros mujtos deles estavam com moças e molheres e trouveram dela muitos arcos e baretes de pena de aves dele verdes e deles amarelos de que creo que o capitam ha de mãdar amostra a vossa alteza. e segundo deziam eses que la foram folgavam com eles. / neeste dia os vimos de mais perto e mais aa nosa vontade por andarmos todos casy mesturados E aly deles andavam

daquelas timturas quartejados outros de meetades outros
de tanta feiçam coma ẽ panos de armar[44] e todos com os
beiços furados e muitos cõ os osos neeles e deles sem
osos. / traziã alguũs deles huũs ourjços verdes de arvores que na cor querjam parecer de castinheiros se nõ
quanto herã mais e mais pequenos e aqueles herã cheos
de huũs graãos vermelhos pequenos. que esmagandoos
entre os dedos fazia timtura muito vermelha da que eles
amdavam timtos e quanto se mais molhavã tanto mais
vermelhos ficavam. / todos andam rrapados ataa acjma
das orelhas. e asy as sobrancelhas e pestanas. / trazem
todos as testas de fomte a fomte timtas da timtura preta
que parece huũa fita preta anche de dous dedos. E o
capitã mandou aaquele degredado Afonso Rribeiro e a
outros dous degredados que fosem amdar la entre eles
e asy a Diogo Dijz por seer home ledo com que eles
folgavam. e aos degredados mandou que ficassem la esta
noute. / Foramse la todos e andaram antre eles e segundo eles deziam foram bem huũa legoa e meia a huũa
povo raçom de casas em que averja ix ou x casas as
quaaes deziã que erã tam conpridas cada huũa come esta
naao capitana. e herã de madeira e das jlhargas de tavoas
e cubertas de palha de rrazoada altura e todas em huũa
soo casa sem nhuũ rrepartimento tijnham de dentro
mujtos esteos e de esteo a esteo huũa rrede atadaa pelos
cabos e cada esteo altas em que dormjam e debaixo pera
se aquentarem faziam seus fogos e tijnha cada casa duas
portas pequenas huũa e huũ cabo e outra no outro. e
deziam que em cada casa se colhiam xxx ou R pessoas
e que asy os achavam e que lhes davam de comer daquela vianda que eles tijnham. s. mujto jnhame e outras
sementes que na terra ha q̃ eles comem. e como foy
tarde fezerãnos logo todos tornar e nom quiseram que

la ficasse nhuũ e ajnda segundo eles deziam queriãse
vijr cõ eles. / rresgataram la por cascavees e por outras
cousinhas de pouco valor q̃ levavã papagayos vermelhos
mujto grandes e fremosos. e dous verdes pequenjnos e
carapuças de penas verdes e huũ pano de penas de mujtas cores maneira de tecido asaz fremoso seg° vossa
alteza toda estas cousas vera porque o capitã volas ha
de mandar seg° ele dise. e com jsto vieram. e nos tornamonos aas naao. /./ aa terça feira depois de comer fomos
ẽ terra dar guarda de lenha e levar rroupa.[45] / estavam
na praya quando chegamos obra de 1x ou 1xx sem arcos
e sem nada.[46] / tamto que chegamos vieram-se logo pera
nos sem se esqujvarem. / e depois acodiram mujtos que
seriam bem ij[e] todos sem arcos. / e mesturaramse todos
tanto comnosco que nos ajudavam deles aa caretar lenha
e meter nos batees e lujtavam cõ os nossos e tomavam
mujto prazer. / E em quanto faziamos a lenha. faziam
dous carpenteiros huũa grande cruz de huũ paao que se
omtem pera ysso cortou. / mujtos deles vijnham aly
estar cõ os carpenteiros e creo que o faziã mais por
veerem a faramenta de ferro com q̃ a faziã q̃ por veerem
a cruz porque eles nõ teem cousa que de fero seja e
cortam sua madeira e paaos com pedras feitas coma
cunhas metidas em huũ paao entre duas talas muy bem
atadas e per tal maneira que andam fortes seg° os homeẽs
que omtem a suas casas deziam porque lhas viram la.[47]
era ja a comversaçam deles comnosco tanta que casy
nos torvavam ao que aviamos de fazer. / E o capitã
mandou a dous degredados e a Diogo Dijz que fosem la
a aldea e a outras se ouvesem delas novas ẽ q̃ e toda
maneira nõ se viesem a dormir aas naos ajnda que os
eles mandasem e asy se forã. / em quanto andavamos
neesa mata a cortar a lenha atravesavam alguũs papa-

gayos per esas arvores deles verdes e outros pardos
grandes e pequenos de maneira que me parece que avera neesta terra mujtos pero eu nom veria mais ataa ix ou
x. outras aves entã nom vimos somente alguũas ponbas
seixas[48] e pareceråme mayores em boa camtidade ca as
de Portugal. alguũs deziã que virã rrolas mas eu nõ as
vy mas segundo os arvoredos sam muy mujtos e
d'jmfindas maneiras nõ dovido que per ese sartaão ajam
mujtas aves. E acerqua da noute nos volvemos pera as
naaos com nossa lenha. / creo Sñor que nõ dey ajnda
aquy conta a vossa alteza da feiçam de seus arcos e
seetas. / os arcos sam pretos e conpridos e as seetas
cõpridas e os feros delas de canas aparadas segundo
vossa alteza vera per alguũs que creo que o capitã ha
d'emvjar. / aa quarta feira nõ fomos em terra porque o
capitam andou todo o dia no navjo dos mantimetos a
despejalo e fazer levar aas naaos jsso que cada huũa
podia levar. / eles acodiram aa praya mujtos segundo
das naaos vimos que seriam obra de iij[e] [49] segundo Sancho de Tovar que la foy dise. Diego Dijz e Afonso Ribeiro o degredado a que o capitã omtem mandou que
em toda maneira la dormisem volveramse ja de noute
por eles nom quererem que la dormisem e trouverã
papagayos verdes e outras aves pretas casy como pegas
se nõ quãto tijnham o bico bramco e os rrabos curtos. e
quãdo se Sancho de Tovar rrecolheo aa naao queriase
vijr cõ ele alguũs mas ele nõ qujs se nõ dous mãcebos
despostos e homeẽs de prol. / mandouos esa noute muy
bem pemsar e curar e comeram toda vianda que lhes
deram e mandoulhes fazer cama de lençooes segundo
ele disse e dormjram e folgaram aquela noute e asy nõ
foy mais este dia que pera screpver seja aa qujnta feira
deradeiro d'abril comemos logo casy pola manhaã e

fomos em terra por mais lenha e agoa e em querendo o
capitam sair desta naao chegou Sancho de Tovar com
seus dous ospedes e por ele nõ teer ajnda comjdo poseranlhe toalhas e veolhe vianda e comeo. / os ospedes
asentarãnos em senhas cadeiras e de todo o que lhes
deram comeram muy bem. especialmente lacam cozido
frio e arroz. nõ lhes deram vinho por Sancho de Tovar
dizer que o nõ bebiam bem. / acabado o comer metemo-
nos todos no batel e eles cõnosco. / deu huũ gromete a
huũ deles huũa armadura grande de porco montes bem
rrevolta e tamto que a tomou meteoa logo no beiço e
porque se lho nõ queria teer derãlhe huũa pequena de
cera vermelha e ele corejelhe detras seu aderemço para
se teer e meteoa no beijo asy rrevolta pera cjma e vijnha
tam comtente com ela como se tevera huũa grande joya.
/ e tamto que saymos em terra foise logo cõ ela que nõ
pareceo hy mais. / andariam na praya quãdo saymos biij
ou x deles e dhi a pouco comecaram de vijr. e pareme
que vijnriam este dia aa praja iiij^e ou iiij^e l. / trazjã alguũs
deles arcos e seetas e todolos deram por carapuças e por
quallqr cousa que lhes davam. / comiam cõnosco do q̃
lhes davamos e bebiam alguũs deles vinho e outros o nõ
podiam beber mas pareceme que se lho avezarem que o
beberam de boa vontade. / andavã todos tam despostos
e tam bem feitos e galamtes cõ suas timturas que pareciam bem. / acaretavam desa lenha quanta podiam com
muy boas vontades e levavãna aos batees e amdavam ja
mais mansos e seguros antre nos do que nos amdavamos
antre eles.[50] / foy o capitã com alguũs de nos huũ per
este arvoredo ataa huũa rribeira grande e de muita agoa
que a noso parecer era esta mesma que vem teer aa praya
em que nos tomamos agoa. / aly jouvemos huũ pedaço
bebendo e folgamdo ao longo dela antre ese arvoredo

que he tamto e tamanho e tam basto e de tamtas prumajeẽs
que lhe nõ pode homẽ dar comto. ha antre ele mujtas
palmas de que colhemos mujtos e boos palmjtos. / ./
quando saymos do batel disse o capitã que serja boo
hirmos dereitos aa cruz q̃ estava emcostada ahuũa arvore junto cõ o rrio pera se poer de manhaã que he sesta
feira e que nos posesemos todos em giolho e a beijasemos pera eles veerem ho acatameto que lhe tijnhamos.
e asy o fezemos. / E eses x ou xij que hy estavam ace-
naramlhes que fezesem asy e foram logo todos beijala.[51]
/ pareceme jemte de tal jnocencia que se os home emten-
dese a eles a nos. que seriam logo cristaãos porque eles
nõ teem nem emtendem em nhuũa creemça segundo
parece. E por tamto se os degredados que aqui am de
ficar. aprenderem bem a sua fala e os emtenderem. / nom
dovjdo segundo a santa tençam de vossa alteza faze-
remse cristaãos e creerem na nossa samta fe. aa qual
praza a nosso S^{or}. que os traga. / porque certo esta jente
he boa e de boa sijnprezidade e enpremarsea ligeiramẽte
neeles qualq̃r crunho que lhes quiserem dar e logo lhes
nosso S^{or}. deu boos corpos e boos rrostos coma a boos
homeẽs. e ele que nos per aquy trouve creo que nom foy
sem causa e por tanto vossa alteza pois tamto deseja
acrecentar na santa fe catolica. deve emtender em sua
salvaçam e prazera a Deus que com pouco trabaalho sera
asy[52] / eles nõ lavram nem criam nem ha aquy boy nem
vaca nem cabra nem ovelha nem galinha nem outra
nhuũa alimarea que custumada seja ao viver dos homeẽs
nẽ comẽ se non dese jnhame[53] que aquy ha mujto e desa
semente e frutas que a terra e as arvores de sy lançam.
e com jsto andam taaes e tam rrijos e tã nedeos. que o
nõ somosnos tamto com quanto trigo e legumes comemos.[54] / em quanto aly este dia amdaram senpre ao soõ

de huũ tanbory nosso dançarã e bailharã cõ os nosos. /
e maneira que sam mujto mais nosos amjgos que nos
seus.[55] / se lhes home acenava se queriã vijr aas naaos
fazianse logo prestes pera jso e tal maneira que se os
home todos quisera comvidar. / todos vieram. porem nõ
trouvemos esta noute aas naaos se nõ iiij ou b. s. o capitã moor dous e Simã de Miranda huũ que trazia ja por
paje e Aires Gomez outro asy paje. / os que o capitam
trouuve era huũ deles huũ dos seus ospedes que aa primeira quando aquy chegamos lhe trouverã. o qual veo
oje aquy vestido na sua camisa e cõ ele huũ seu jrm'ao
os quaaes forã esta noute muy bem agasalhados asy de
vianda como de cama de colchoões e lençooes polos
mais amansar. / E oje que he sesta feira primeiro dia de
mayo pola manhaã saymos em terra cõ nossa bandeira
e fomos desenbarcar acjma do rrio contra o sul onde nos
pareceo que serja mjlhor chantar a cruz pera seer milhor
vista. e aly asijnou o capitã onde fezesem a cova para a
chantar. E em quanto a ficarã fazendo. / ele com todos
nos outros fomos pola cruz abaixo e sacerdotes diante
cantãdo maneira de precisam. / herã ja hy alguũs deles
obra de 1xx ou 1xxx e quanto nos asy virã vijr / alguũs
deles se forã meter debaixo dela ajudarnos. / passamos
o rrio ao longo da praya e fomola poer onde avia de seer
que sera do rrio obra de dous tiros de besta. / aly andando nysto vijnjram bem cl ou mais. / chentada a cruz cõ
as armas e devisa de vossa alteza que lhe primeiro pre-
garom armarom altar ao pee dela. / aly dise misa o padre
frey Amrique a qual foy camtada e ofeciada per eses ja
ditos./ aly esteveram cõnosco a ela obra de 1 ou 1x
deles asentados todos em giolhos asy coma nos e quãdo
veo ao avamjelho que nos erguemos todos ẽ pee cõ as
maãos levantadas. eles se levantaram cõnosco e alçarom

as maãos. estando asy ata seer acabado. / e entam tornaramse a asentar coma nos. E quando levantarom a Deus que nos posemos em giolhos. eles se poserã todos asy coma nos estavamos cõ as maãos levantadas. e em tal maneira asesegados que certefico a vossa alteza que nos fez mujta devaçom.⁵⁶/ esteverã asy cõnosco ataa acabada a comunhã. E depois da comunham. comungaram eses rreligiosos e sacerdotes e o capitã cõ alguũs de nos outros. / alguũs deles por o sol seer grãde e nos estando comungando alevantarãsse e outros esteverã e ficarom. / huũ deles home de 1 ou 1b anos ficou aly cõ aqueles que ficaram. / aquele em nos asy estamdo ajumtava aqueles que aly ficaram e ajnda chamava outros. / este andando asy antre eles falando lhes acenou cõ o dedo pera o altar e depois mostrou o dedo pera o ceeo coma que lhes dizia alguũa cousa de bem e nos asy o tomamos.⁵⁷ / acabada a misa tirou o padre a vestimenta de cjma e ficou na alva e asy se sobio jumto cõ ho altar em huũa cadeira e aly nos preegou do avamjelho e dos apostolos cujo dia oje he trautando ẽfim da preegaçom deste voso prosegujmeto tã santo e vertuoso que nos causou majs devaçam. / eses q̃ aa preegaçã senpre esteveram estavã asy coma nos olhando pera ele. / e aqle que digo chamava alguũs que viesem pera aly. / alguũs vijnhã e outros hiamse e acabada a preegaçom. trazia Njcolaao Coelho mujtas cruzes d'estanho com cruçufiços que lhe ficarom ajnda da outra vijnda⁵⁸ e ouverã por bem que lançassem a cada huũ sua ao pescoço. / pola qual cousa se asentou o padre frey Amrique ao pee da cruz e aly ahuũ e huũ lançava sua atada em huũ fio ao pescoço fazendolha primeiro beijar e alevantar as maãos. / vjnha a jsso mujtos e lançarãnas todas que serjam obra de R ou l. / e jsto acabado era ja bem huũa ora depois

de meo dia. / vjemos aas naaos a comer onde o Capitã
trouve cõsigo aquele meesmo que fez aos outros aquela mostrmaça pera o altar e pera o ceeo e huũ seu jrmaão
com elle ao qual fez mujta homrra e deulhe huũa camisa mourisca e ao outro huũa camisa d'estoutras[59] / e
segundo o que a my e todos pareceo, esta jemte nõ lhes
falece outra cousa pera seer toda cristaã ca entendere-
mos. / porque asy tomavam aquilo que nos viam fazer
coma nos meesmos. per onde pareceo a todos que nhuũa
jdolatria ne adoraçom teem. / E bem creo que se vossa
alteza aquy mandar quem mais antre eles devagar ande,
que todos seram tornados ao desejo de vossa alteza. / e
pera jsso se alguem vjer nõ leixe logo de vijr clerjgo
pera os bautizar porque ja emtã teerã mais conhecimeto
de nossa fe pelos dous degredados que aquy antre eles
ficaam os quaaes ambos oje também comungaram.[60] /
antre todos estes que oje vierã no veo mais que huũa
molher moça a qual esteve senpre aa misa. aa qual deram
huũ pano cõ que se cobrisse e poserãlho darredor de sy.
/ pero ao asentar nõ fazia memorea de o mujto estender
pera se cobrir. / asy Sñor que a jnocencia desta jemte he
tal que a d'Adam nõ seria majs quanta em vergonha.[61]
/ ora veja vossa alteza quem em tal jnocencia vjve. en-
sinamdolhes o que pera sua salvaçom perteece. se se
cõverteram ou nom. / acabado isto. / fomos asy perante
eles beijar a cruz e espedimonos e vjemos comer. / creo
Sñor que com estes dous degredados que aquy ficam. /
ficam mais dous grometes que esta noute se sairam
desta naao no esquife em terra fogidos.[62] / os quaaes nõ
vierã majs e creemos que ficaram aquy por q̃ de manhaã
prazendo a Deus fazemos daquy nossa partida.[63] / Esta
terra Sñor me parece que da ponta q̃ mais contᵃ o sul
vimos ataa outᵃ ponta que contᵃ o norte vem de que nos

deste porto ouvemos vista. / sera tamanha que avera
neela bem xx ou xxb legoas per costa. / traz ao lomgo
do mar em alguas partes grandes bareiras delas vermelhas e delas bramcas e a terra per cima toda chaã e
mujto chea de grandes arvoredos. / de pomta e pomta
he toda praya parma[64] mujto chaã e mujto fremosa. /
pelo sartaão nos pareceo do mar mujto grande porque a
estender olhos nõ podiamos veer se nõ terra e arvoredo
que nos parecia muy longa terra.[65] / neela ataa agora nõ
podemos saber que aja ouro nem prata nem nhuũa cousa de metal nem de fero. nem lho vjmos. / pero a terra
em sy he de mujto boos aares frios e tenperados coma
os de Antre Doiro e Minho porque neste tempo d'agora
asy os achavamos coma os de la / agoas sam mujtas
jmfimdas. E em tal maneira he graciosa que querendoa
aproveitar darsea neela tudo per bem das agoas que
tem.[66] / pero o mjlhor fruito que neela se pode fazer me
parece que sera salvar esta jemte e esta deve seer a
principal semente que vossa alteza em ela deve lamçar.[67]
/ E que hy nõ ouvesse majs ca tẽer aquy esta pousada
pera esta navegaçom de Calecut. abaastaria / quanto
majs desposiçã pera se neela conprir e fazer o q̃ nossa
alteza tamto deseja. s. acrecentam[to] da nosa santa fe[68] /.
E neesta maneira Sñor dou aquy a vossa alteza do que
neesta vossa terra vy e se aalguũ pouco alomguey. ela
me perdoe. / ca o desejo que tijnha de vos tudo dizer mo
fez asy poer pelo meudo. E pois que Sñor he certo que
asy neeste careguo que levo como em outra qualqr
coussa que de vosso serviço for vossa alteza ha de ser
de my mujto bem servida. / a ela peço que por me fazer
simgular merçee mãde vijr da jlha de Sam Thomee
Jorge de Osoiro meu jenrro. o que dela rreceberey em
mujta merçee.[69] / beijo as maãos de vossa alteza. / deste

Porto Seguro da vossa jlha de Vera Cruz oje sesta feira primeiro de mayo de 1500//

Pero Vaaz de Camjnha

Notas Analíticas

1. Sobre esta palavra "achamento" – descoberta, encontro – basearam-se as diversas teorias sobre a intencionalidade ou menos da descoberta do Brasil pelos portugueses. Pensamos que o problema não deva ser colocado sobre o léxico de Caminha, predisposto claramente a uma comunicação puramente literária e por isso mesmo guiado no próprio universo expressivo principalmente por interesses estilísticos. Até mesmo a composição do período demonstra uma tal atitude, como se pode verificar com a recorrência expressiva de "a nova do achamento"... "desta vossa terra que se ora neesta navegaçam achou".

Em relação à expedição comandada por Pedro Álvares Cabral, a segunda dirigida às Índias para alargar ainda mais as conquistas da primeira, comandada por Vasco da Gama em 1497-99, além da Carta de Pero Vaz de Caminha, são de grande importância a carta do físico Mestre João, esta também redigida, como o texto de Caminha, em Porto Seguro no dia 1º de maio de 1500, e a relação do "Piloto Anônimo", escrita depois da complementação da pouco afortunada expedição e correspondente retorno de somente cinco das treze naves que compunham inicialmente a armada cabralina, as cinco únicas que conseguiram salvar-se dos naufrágios e das desastrosas batalhas em Calicute.

A relação do "Piloto Anônimo" foi publicada pela primeira vez em Veneza, em 1507, por Montalboddo, *Poesi nuovamente ritrovati*, e logo depois retomada por Ramúsio, Navigationi, Veneza, 1550. Sobre os possíveis documentos da expedição de Cabral, veja-se Antônio Baião. *Os Sete Únicos Documentos de 1500 Conservados em Lisboa Referentes à Viagem de Pedro Álvares Cabral*, Agência Geral do Ultramar, Lisboa, 1968.

No dia 26 de junho de 1501, Giovani Francesco Affaitadi escrevia de Lisboa uma carta secreta ao embaixador veneziano em Madrid, Domenico Pisani, na qual dá minuciosas notícias do retorno da expedição de Cabral. Nesta carta se encontram igualmente notícias sobre o descobrimento do Brasil. "Terra dos Papagaios", protodenominação dos novos territórios portugueses, como igualmente resulta da carta do observador veneziano. Ainda que a Carta de Caminha se destine a permanecer fechada nos arquivos da Torre do Tombo, em Lisboa, até o final do século XVIII, as observações sobre o Brasil contidas na carta de Affaitadi nos permitem considerá-la como a primeira divulgação da famosa Carta do primeiro cronista do Brasil. Sobre a carta de Affaitadi, veja-se "Diario di M. Sarnuto", Cod. Marciano, IV, coll. 66-69, Biblioteca Marciana de Veneza.

2. Este "milhor" de Caminha, que aparece igualmente em tantos outros textos da prosa portuguesa antes do século XVI, e sucessivamente, é fonte do

famoso *milhor* de Mário de Andrade, um dos símbolos do reconhecido líder do Modernismo brasileiro, na sua pesquisa de uma solução para a "questão da língua" no Brasil. O nacionalismo linguístico de Mário de Andrade não é nem gratuito, nem principalmente sentimental. Ele é um verdadeiro estudioso que procura, seja na realidade contemporânea de seu país, seja na mais distante tradição, os elementos melhores para uma proposta expressiva revolucionária. Neste sentido, grande e penosa injustiça comete Guimarães Rosa em relação ao autor de *Macunaíma* quando, em carta à estudiosa americana Mary L. Daniel, escreve: "Mário de Andrade, polêmico, ligado a um Movimento, partiu de um desejo de 'abrasileirar' a todo custo a língua de acordo com postulados que sempre achei mutiladores, plebizantes e empobrecedores da língua, além de querer enfeiá-la, denotando irremediável mau gosto. Faltava-lhe, a meu ver, finura, sensibilidade estética. Apoiava-se na sintaxe popular – filha da ignorância, da indigência verbal, e que leva a frouxos alongamentos, a uma moleza sem contenção. (Ao contrário, procuro a condensação, a força, as cordas tensas). Mário de Andrade foi capaz de perpetrar um 'milhor' (por melhor) – que eu só seria capaz de usar com referência a 'milho'. (Em todo o caso, adorei ler o *Macunaíma*, que, na ocasião, me entusiasmou. Será que há influências sutis, que a gente mesmo é incapaz de descobrir em si?)". Evidentemente nem sempre os gênios criadores são igual e necessariamente também válidos estudiosos... (Ver, para esta questão, como fonte documental, Wilson Martins, *História da Inteligência Brasileira*, vol. VI, p. 374.) Ver, igualmente, nota 49, abaixo.

3. Assim descreve Capistrano de Abreu a partida armada de Cabral: "Comandando uma armada de 13 navios partiu (Cabral) de Belém segunda-feira, 9 de março de 1500. O Rei tivera a seu lado na tribuna o Capitão-mor, pusera-lhe na cabeça um barrete bento mandado pelo papa, entregara-lhe uma bandeira com as armas reais e a cruz da Ordem de Cristo, a Ordem de D. Henrique, o descobridor. Sentia-se bem a importância desta frota, a maior saída até então para terras alongadas.

"Mil e quinhentos soldados, negociantes, aventureiros, mercadorias variadas, dinheiro amoedado revelam o duplo caráter da expedição: pacífica, se na Índia preferissem a lisura e o comércio honesto; belicosa, se quisessem recorrer às armas. Alguns franciscanos, tendo por guardião Frei Henrique de Coimbra, comunicavam ao conjunto a sagração religiosa". Capistrano de Abreu, *Capítulos de História Colonial*, org. de José Honório Rodrigues, Briguiet, Rio de Janeiro, 1954, p. 72.

4. Pero Escolar e não Pero Escobar, como aparece em diversas edições da Carta. Ver Carolina Michaelis de Vasconcelos, "Carta de Pero Vaz de Caminha", nota 5, p. 87.

5. Este episódio misterioso retoma a tradição dos naufrágios nas navegações portuguesas, matéria de narrativas de tantos diários de bordo; uma excepcional panorâmica de tais textos se encontra nos volumes que constituem a *História Trágico-marítima*, de Bernardo Gomes de Brito, 2 vv., 1735-56.

6. João Ribeiro considera de particular importância a compreensão desta expressão, definida por ele: "*mar de longo* é o do Ocidente". Carolina Michaelis de Vasconcelos segue a lição de mestre brasileiro; Jaime Cortesão define o conceito como "afastamento progressivo e retilíneo em relação a um ponto determinado".

7. Horácio canônico das orações da noite; a "véspera", Jaime Cortesão a define desta maneira; "*Hora de véspera*, uma das sete partes em que se dividiam as *Horas canônicas*, pois o ofício de cada dia nas Ordens religiosas compunha-se das seguintes orações vocais, correspondentes a outras tantas horas: *matinas, laudes, prima, terça, sexta, noa* (nona), *véspera e completa* ou *completas*. Estas designações encontram-se já, em parte ou na totalidade, na *Regra* de S. Bento dos fins de século XII, assim como nas *Horas canônicas* de Fr. João Claro, do século XV, os dois publicados por Fr. Fortunato de S. Boaventura no I tomo da *Colecção de Inéditos Portugueses dos Séculos XIV e XV* (1829).

"*Matinas e laudes* cantavam na segunda metade da noite. As quatro designações seguintes correspondiam às mesmas denominações que os judeus davam às diferentes partes do dia, a começar com o nascer do Sol. *Prima* correspondia, em média, às seis horas; *terça* às nove; *sexta*, ao meio-dia; *noa*, às quinze horas. As horas de véspera eram as horas da tarde que seguiam a noa, e, como estavam em relação com a marcha do Sol e a luz do dia, Pero Vaz de Caminha devia referir-se ao espaço de tempo que, na lat. aproximada de 17° S., medeia entre as quinze horas e o pôr do sol". J. Cortesão, *A Carta de Pero Vaz de Caminha*, nota 6, p. 288.

8. Naturalmente as decisões de denominar a nova topografia e sobretudo de dar um nome à terra descoberta fazem parte de um momento posterior ao tempo narrativo do texto de Caminha. Curiosa é a imediata contradição referente ao nome dado por Pedro Álvares Cabral ao novo país: aqui aparece "Terra da Vera Cruz", mudado imediatamente depois para a forma oficial: "Terra de Santa Cruz", enquanto na conclusão Caminha data a sua Carta a partir da "Ilha de Vera Cruz".

9. Correspondente a 2,2 m.

10. Começa praticamente daqui o interesse de Pero Vaz de Caminha pelo homem indígena, que fornecerá a matéria predominante da Carta. Este é ainda um momento de referências tomadas de testemunhos indiretos, pois que somente mais tarde Caminha descerá em terra.

11. Por "copezinha" Caminha se referia a uma espécie de chapéu de penas de pássaros, elegante e alegre na diversidade das cores e do material usado, típico dos índios do Brasil.

12. A medida dita "mão travessa" vem assim definida pelo clássico *Grande Dicionário da Língua Portuguesa* de Antônio de Morais Silva: "a largura da mão desde a cabeça do dedo polegar até a costa da mão aberta à chave dela". Na versão moderna do mesmo vocabulário a definição está assim reduzida: "Medida que equivale a meio palmo, tomada pela largura da mão com os dedos unidos".

13. A expressão "sobre pentem" encontra a seguinte definição em João Ribeiro: "Sobre pentem ou pente. Quer dizer muito por alto. A locução *sobre pentem* foi

muito usada dos antigos clássicos com o mesmo sentido de – por alto – de leve. Em sentido translato: "andram assim *sôbre pentem*, até chegar à praia", Soropita, *Poesias e Prosas*, 102, e em nota de Camilo, o trecho de um sermão do Padre Francisco de Mendonça: como *sôbre pentem*, e se não era *sôbre pentem*, pelo menos não passava da pele". *Ibidem*, J. Ribeiro, ob. cit., nota 12, p. 242.

14. *Coto*: medida de comprimento de cerca de dois palmos, tirada do cotovelo à mão.

15. Este período pouco claro da Carta provocou uma série de interpretações, não sempre concordantes entre si: Carolina Michaelis de Vasconcelos não está de acordo com João Ribeiro quando procura soluções etimológicas e etnográficas, nem sempre muito felizes, para a interpretação do período discutido. Ver J. Ribeiro, ob. cit., notas 13 e 44; C. M. de Vasconcelos, ob. cit., nota 15, p. 89.

16. Em passagens como esta se demonstra a constante sinceridade da Carta de Caminha, não somente no que se refere aos fatos externos. Em tais ocasiões, o escrivão de Cabral adere à melhor cultura humanista da época. Ao mesmo tempo que manifesta a própria personalidade cultural, ele encontra modos de referir-se ao mito do ouro com uma linguagem de expressiva ironia.

17. "*Fanadaas*" – circuncisas. Habituados aos contatos com os muçulmanos, os portugueses se surpreendem felizmente com o fato de encontrar-se diante de gentes "não circuncisas", isto é, "não pagãs".

18. Afonso Ribeiro é o ascendente mais famoso, talvez porque, historicamente, o primeiro de uma longa série daqueles infelizes degredados que, bem ou mal, participaram da criação do Brasil. O emprego dos "degredados" como sistema de colonização portuguesa em terras brasileiras provocou, logo depois da independência, forte reação da crítica histórica de natureza nacionalista, tendência ainda não definitivamente superada por determinados historiadores brasileiros.

19. A partir deste momento a narrativa de Caminha expressa a observação direta dos fatos. O sistema de escritura naturalmente se modifica em razão de um tal fator, porque muda o ponto de vista do observador, o *eu* de Caminha, mandante, em relação ao texto da narrativa e ao *Vós*, D. Manuel, destinatário da mesma.

20. "Emcarna", isca, engodo. O sistema expressivo de Caminha atinge o nível artístico-literário em momentos como estes da Carta, com os quais a língua do habitual nível denotativo passa à dimensão conotativa.

21. "Espelhos de borracha": "*Borrachas* eram odres de couro que serviam de frascos, tais os de hoje de vidro então menos comuns. Pela parte de fora traziam a tampa ou fecho que tinha o nome de *espelho*. O *espelho*, ou bocal da *borracha*, era de pau e naturalmente semelhava aos que os índios punham nos beiços. A mesma observação fez Gabriel Soares no seu Tratado (p. 285, da ed. da Rev. do Inst.) e compara ao espelho de *borracha*". J. Ribeiro, nota 26, p. 248.

22. Esta é a primeira observação feita por Caminha sobre a mulher índia. Notável é o sistema conotativo que

se cria como decorrência de uma série de referências metafóricas e irônicas.

23. Igualmente notável este recurso estilístico de Caminha, com o qual não se pode deixar de ler ainda uma vez a expressão de seu refinado sentido de ironia.

24. Completando o sistema expressivo dos períodos imediatamente precedentes, aqui Caminha comunica-se com o seu Rei através de um convincente procedimento humorístico. Além, naturalmente, de um profundo e personalizado conhecimento entre Caminha e D. Manuel, o notável índice irônico-expressivo destes e de outros períodos da Carta permite não só medir a personalidade do Escrivão, mas igualmente aquela do Monarca.

25. A simpatia que o escrivão de Cabral demonstra pelos índios parece procurar em cada momento novos pretextos para exprimir-se. Aqui, o fato de não serem "fanados", isto é, de "não serem pagãos", dá grande felicidade a Caminha, ao ponto de dizer-lhes iguais aos portugueses, aos "cristãos".

26. Na grande e numerosa armada de Pedro Álvares Cabral, Frei Henrique de Coimbra ocupava o encargo de capelão e guia de um grupo de religiosos, composto de oito frades franciscanos. Ver C. M. de Vasconcelos, nota 27, p. 92.

27. Rica é a iconografia brasileira relacionada com os fatos narrados e as revelações da Carta de Caminha, em particular quanto à Primeira Missa. O exemplo mais importante é o quadro de Vitor Meireles, "Primeira Missa no Brasil" (Paris, 1860; óleo/tela; 2,680 x 3,560m; Museu Nacional de Belas Artes).

Na edição italiana deste meu trabalho erroneamente escrevo Pedro Américo. Tudo isso não por uma necessária predileção pelo pintor do "Grito do Ypiranga", mas, em verdade, trata-se mais uma vez de um daqueles enganos a que se é levado quando se confia excessivamente no exclusivo testemunho da memória. Com isso eu não desejava reevocar a tradicional discussão sobre a superioridade de um ou de outro dos nossos dois mais expressivos pintores oitocentistas. Pelo contrário, o lapso traduz tanto o meu apreço pelo nosso grande pintor romântico quanto a minha estima pelo nosso mestre do realismo pictórico.

A "Epifania" do altar-mor da Catedral de Viseu, obra possivelmente realizada em torno ao 1505, traz uma novidade iconográfica: um dos Reis Magos é figurado por um índio tupiniquim, um daqueles mesmos que assistiram à Primeira Missa dita por Frei Henrique de Coimbra.

28. Esta mesma bandeira da Ordem de Cristo, consignada a Cabral por D. Manuel no dia da partida, em Belém (Ver nota 3, supra), aqui vem mostrada para traduzir histórico de particular importância e significado.

29. Ver C. M. de Vasconcelos, ob. cit., nota 28, p. 92.

30. Importante informação de Caminha, a primeira no setor, quanto aos instrumentos musicais indígenas. Jean de Léry, setenta e oito anos depois, na sua *Histoire d'un Voyage fait en Terra de Brésil*, fará a primeira transcrição de uma composição musical dos índios do Brasil.

31. Quanto ao conceito e medida "tiro de pedra" – que correspondia à distância a que se arremessava uma pedra. Ver M. Viegas Guerreiro, *Pero Vaz de Caminha – Carta a El-Rei D. Manuel,* nota 76.

32. Período fortemente obscuro, sobre o qual Carolina Michaelis de Vasconcelos escreve: "Construção muito arcaica, na qual *quant'à* (com respeito a) equivale ao *cantá*! e a *canté*! do povo; e *senom quanto* significa *a não ser que*, ou *pelo contrário*. Longe de lhe fazerem mal, davam-lhe cabaços d'água. – Mais adiante (f. 25) lê-se que a *inocência d'Adão não seria mais quanta em vergonha do que a das moças índias* (com relação ao pudor)". C. M. de Vasconcelos, nota 32, p. 92.

33. "jogo de manqual"; "mancal", bilhas. Jogo ainda hoje praticado em determinadas zonas de Portugal e do Brasil: um marco de madeira, colocado mais ou menos a 10 metros de distância, deve ser derrubado por uma "bilha", placa de ferro.

34. "Aly verjees": forma erudita, típica dos procedimentos descritivos de "crônicas" e "Romances de Cavalaria". Tal expressão ainda pode ser encontrada no "falar" do interior brasileiro, principalmente em momentos de comunicação enfática. Poderia ser uma das chaves para uma análise estrutural da linguagem dos personagens de Guimarães Rosa.

35. Nesta passagem da Carta de Caminha o mito do ouro retorna somente em forma de crônica, sem que isso se oponha à atitude de destaque que o cronista do nascimento do Brasil mantém habitualmente em relação a este mesmo sujeito.

36. "Salto rreal" – espécie de salto mortal.

37. Neste primeiro encontro com o índio do Brasil, Caminha dá abundante testemunho da constante predisposição dos mesmos para a música, a dança e o canto. Neste período deve-se igualmente notar a tendência indígena a uma particular e específica conduta corpórea. Esses são dados e fatos que mais tarde muito irão interessar à aguda curiosidade de Jean de Léry (cf. nota 30, supra).

Em relação a uma ideal aproximação entre o primeiro cronista do Brasil e o viajante francês, Ver Sílvio Castro. "Pero Vaz de Caminha e Jean de Léry", in *Actas do Congresso Internacional "Descobrimentos Marítimos Portugueses e o Renascimento Europeu"*, Lisboa, 1984; e, posteriormente, in *Contributti alla genesi della idea di Brasile*, Universidade de Padova, Pádua, 1985.

38. Este episódio demonstra ainda uma vez o sentido do realismo de Caminha e a sabedoria da linguagem do cronista consciente da sua posição de coerente observador dos fatos. Interessante se apresenta a confrontação desta parte da Carta com aquela correspondente da relação igualmente famosa do "Piloto Anônimo", onde este, ao contrário de Caminha, conserva uma visão mitológica dos fatos e fenômenos dos mares, com o uso de uma correspondente linguagem enfático-simbólica: "... e pescam outras variedades de peixes, entre os quais vimos um peixe que pegaram, que podia ser grande como um tonel, porém mais longo e redondo, e tinha uma cabeça como a de um porco e os olhos pequenos, e não tinha dentes, e tinha as orelhas longas; debaixo o corpo tinha buracos e o rabo era do comprimento de um braço; não tinha pé em nenhuma parte, tinha a pele como a de um

porco (o couro era da grossura de um dedo) e as suas carnes eram brancas e gordurosas como a de um porco". G. B. Ramúsio, *Navigazioni e Viaggi*, 6 vv., org. de Marica Milanesi, Einaudi, Turim, 1978 (vol. I, p. 626). Ver Apêndice 1 neste nosso mesmo trabalho.

39. Anotação que se refere à psicologia comportamental do índio brasileiro. Caminha se orienta na direção de uma política de catequese religiosa, a linha mais correspondente à natureza e expressão deste precioso documento, que àquela da imediata e simples colonização econômico-política.

40. O uso do adjetivo "bestial", aparentemente em contradição com a constante simpatia para com a gente da nova terra demonstrada por Caminha, não deve ser tomado literalmente, porque este se insere perfeitamente no particular espírito semântico do português arcaico.

41. Ainda uma vez nos encontramos diante da capacidade literária de Caminha no traduzir as próprias emoções. O texto, além do significado artístico das frases e do período, é particularmente significativo pela exaltação de um dos mitos, o do "ar bom", que darão àquelas terras o significado de "paraíso terrestre recuperado".

42. Depois de um momento de reflexão subjetiva, presente no período precedente, o cronista se sente no dever de retornar imediatamente à observação objetiva: "*ne nos ajnda ataa agora nom vimos nhuuas casa nem maneira delas*".

43. Em relação a este "*vijr*" do texto de Caminha, particularmente interessante é a notação de Carolina Michaelis de Vasconcelos: "*Viinr.* – Do lat. *venire* veio

a forma portuguesa *viir*. Evaporando-se a nasal intervocálica, como em centenas de palavras, ficou sendo *viir* e finalmente *vir*, como todos sabem. A grafia *vinr* é tão monstruosa como a transcrição *vimir* de João Ribeiro. O mesmo vale de *teenr*. É representação defeituosa de *teer* (f. 26), que nos dias de Caminha se pronunciava teer, embora ainda muitos o escrevessem com til"/ C. M. de Vasconcelos, nota 41, p. 95.

44. "Panos de armar" – tecido de Arras. O uso do famoso tecido de Arras para decoração das paredes dos ricos palácios da nobreza portuguesa era comum na época. A figura de estilo em Caminha acentua a sua formação erudita e a posição social do cronista de Pedro Álvares Cabral.

45. Ainda uma vez nessa passagem de expressiva simplicidade se traduz o espírito realista que guiou Caminha na escritura da sua Carta.

46. Este trecho esclarece aquele "*dar guarda de lenha*", considerado obscuro por alguns dos comentaristas do texto de Caminha.

47. O sentido da observação de Pero Vaz de Caminha, endereçado aos mais variados campos, aqui o leva a uma importantíssima revelação etnológica, a primeira descrição do martelo de pedra do indígena brasileiro. Nas suas notas ao texto de Caminha, em 1910, João Ribeiro foi o primeiro a relevar esta "prioridade" do escrivão de Cabral.

48. Como para a nota 45, supra.

49. "*eles acodiram aa praya mujtos segundos das naaos vimos que seriam obra de iij^e*". Encontro nesta

passagem de Caminha (completada com aquela outra mais adiante, quando ele fala de "quatrocentos, quatrocentos e cinquenta") a fonte de um *topos* poético de Mário de Andrade no seu "Eu sou trezentos", do livro *Remates de Males*:

"Eu sou trezentos, sou trezentos-e-cincoenta,
As sensações renascem de si mesmas sem repouso,
Ôh! espelhos, ôh! Pireneus! ôh! caiçaras!
Si um deus morrer, irei no Piauí buscar outro!

Abraço no meu leito as milhores palavras,
e os suspiros que dou são violinos alheios;
Eu piso a terra como quem descobre o furto
Nas esquinas, nos táxis, nas camarinhas seus próprios
[beijos!

Eu sou trezentos, sou trezentos-e-cincoenta,
Mas um dia afinal eu toparei comigo...
Tenhamos paciência, andorinhas curtas,
Só o esquecimento é que condensa,
E então minha alma servirá de abrigo".

Mário de Andrade, *Poesias completas*.
São Paulo: Martins,1966. Ver, igualmente, a nota 2, supra.

50. A abertura mental dos conceitos e honestidade intelectual do primeiro cronista do Brasil encontra neste trecho expressão de marcante presença.

51. Aqui Caminha quer apresentar com evidências a D. Manuel o espírito pacífico dos "tupiniquins", premissas para as conclusões essenciais da Carta.

52. Partindo da anotação precedente e afirmando ainda uma vez sobre as qualidades físicas e espirituais

dos indígenas, Caminha propõe ao seu Rei a futura política da catequese religiosa.

53. Em lugar do inhame, que somente mais tarde entra no Brasil, deve-se tratar aqui de "cará".

54. Este ponto da Carta mais uma vez demonstra o espírito aberto de Caminha, máxime tratando-se de questão ligada à cozinha pessoal e nacional, a hábitos alimentares, fontes de não poucas atitudes de irremovível sectarismo da gente de todas as épocas, não excluída a nossa.

55. Ainda uma vez mais, excepcional testemunho de sinceridade e honestidade cultural do primeiro cronista do Brasil.

56. Dados para uma política de catequese religiosa, como na nota 52, supra.

57. Ainda uma antecipação para a futura atividade de catequese religiosa dos indígenas do Brasil.

58. "*trazia Njcolaao Coelho mujtas cruzes d'estanho com cruçufiços que lhe ficarom ajnda de outra vijnda*" – isto é, da viagem que Vasco da Gama cumprira pela primeira vez na Índia, em 1498; Nicolau Coelho fora um dos seus participantes, comandando uma das naves da armada lusíada, a Berrio, a primeira a reentrar no Tejo com as maravilhosas notícias da epopeia cumprida.

59. Nesta passagem da Carta, a figura de Pedro Álvares Cabral, que se mostra sempre como guia pleno de discrição na epopeia do descobrimento do Brasil, ainda uma vez demonstra um maduro sentido diplomático e de comando.

60. Veja-se a nota 54, supra, e as demais referentes à catequese religiosa.

61. Mais um dos tantos testemunhos de simpatia de Caminha pela nova gente encontrada. O sentido da inocência natural liga-se aqui ao mito do "paraíso terrestre", constante conotação do texto do primeiro cronista do Brasil.

62. Esses dois jovens marinheiros portugueses podem ser reconhecidos como os primeiros povoadores europeus voluntários das terras brasileiras. São os dois primeiros europeus que escolhem com incontido entusiasmo a terra de um paraíso recuperado. Os dois jovens marinheiros de Cabral recordam, com a fuga que realizam, o espírito edênico criado por Camões em *Os Lusíadas*, no episódio da "Ilha dos Amores". (*Os Lusíadas*, canto IX).

63. Neste dia 2 de maio parte de novo a armada de Cabral para o cumprimento final da missão em Calicute. Logo grandes desgraças acometerão a armada cabralina, apenas perdida de vista a nova terra descoberta. Os furiosos temporais destruirão várias naves, dentre as quais a do valoroso Bartolomeu Dias, que naufraga e morre diante daquele cabo das Tormentas que ele antes conquistara e fizera Cabo da Boa Esperança.

64. "Parma" – palavra de difícil derivação e definição.

65. "*Pelo sartão nos pareceo do mar mujto grande porque a estender olhos nõ podiamos veer se nõ terra e arvoredos que nos parecia muy longa terra./*"; a aguda observação de Caminha sobre a extensão da terra resolve

a dúvida dos navegadores da armada de Cabral se se tratava de uma ilha ou não a nova descoberta. Daqui o nome de "Terra de Santa Cruz" (logo depois transformada em "Terra de Vera Vruz") dado imediatamente por Pedro Álvares Cabral à nova colônia portuguesa. A intuição de Caminha sobre a continentalidade das terras novas é imediatamente confirmada pelas observações feitas pelo "Piloto Anônimo".

66. "*E em tal maneira he graciosa que querendoa aproveitar darsea neela tudo per bem das agoas que tem./*". O mito do "novo mundo", a terra de "lá", em oposição àquela "daqui" do homem que sonha novos espaços e tempos diversos.

67. Caminha fecha a sua Carta afirmando ainda uma vez ao Rei a confiança que depõe na catequese da nova gente que constitui, para ele, a verdadeira riqueza descoberta.

68. Mais uma e definitiva expressão do espírito religioso predominante no caráter de Pero Vaz de Caminha.

69. "*a ela peço que por me fazer singular mercee mãde da jlha de Sam Thomee Jorge de Osoiro meu jenrro, o que dela receberey em mujta mercee./*". O genro degredado em São Tomé foi perdoado pelo Rei e depois da morte de Caminha em Calicute, em 1501, nomeado seu substituto como escrivão oficial no Porto. É a última demonstração da estima de D. Manuel pelo seu grande cronista.

Mapa do percurso realizado pela armada cabralina no Brasil (publicado em História da Colonização Portuguesa do Brasil, *vol. II, Porto, 1923).*

Índios tupinambás, xilogravura de autor desconhecido (Biblioteca José Mindlin), publicada no livro de Hans Staden Breve relato verídico sobre os modos e costumes dos Tupinambás.

Transcrição atualizada

Senhor

Posto que o Capitão-mor desta Vossa frota e assim igualmente os outros capitães escrevam a Vossa Alteza dando notícias do achamento desta Vossa terra nova, que agora nesta navegação se achou, não deixarei de também eu dar minha conta disso a Vossa Alteza, fazendo como melhor me for possível, ainda que – para o bem contar e falar – o saiba pior que todos. Queira porém Vossa Alteza tomar minha ignorância por boa vontade, e creia que certamente nada porei aqui, para embelezar nem para enfeiar, mais do que vi e me pareceu. Da marinhagem e singradura do caminho não darei conta aqui a Vossa Alteza – porque não saberia fazê-lo e os pilotos devem ter esse encargo. Portanto, Senhor, do que hei de falar começo e digo:

A partida de Belém – como Vossa Alteza sabe – foi na segunda-feira do dia 9 de março. No sábado, 14 do dito mês, entre as oito e nove horas, nos achamos nas ilhas Canárias, mais perto da Grã-Canária. Ali andamos por todo aquele dia em calma, sempre com as ilhas à vista, numa distância de três a quatro léguas. E domingo, 22 do dito mês, mais ou menos às dez horas, avistamos as ilhas do Cabo Verde, que porém, segundo o piloto Pero Escolar, era a Ilha de São Nicolau. Na noite seguinte à segunda-feira, ao amanhecer, se perdeu da frota Vasco de Ataíde com a sua nau, sem que houvesse tempo forte nem contrário para que tal coisa acontecesse. O Capitão fez as suas diligências para o achar, por todas as partes, mas tudo foi inútil!

E assim seguimos o nosso caminho por este mar – de longo – até que na terça-feira das Oitavas de Páscoa – eram os vinte e um dias de abril – estando da dita ilha distantes de 660 a 670 léguas, conforme dados dos pilotos, topamos alguns sinais de terra: uma grande quantidade de ervas compridas, chamadas botelhos pelos mareantes, assim como outras a que dão o nome de rabo-de-asno. No dia seguinte – quarta-feira pela manhã – topamos aves a que os mesmos chamam de fura-buchos. Neste mesmo dia, à hora de vésperas, avistamos terra! Primeiramente um grande monte, muito alto e redondo; depois, outras serras mais baixas, da parte sul em relação ao monte e, mais, terra chã. Com grandes arvoredos. Ao monte alto o Capitão deu o nome de Monte Pascoal; e à terra, Terra de Vera Cruz.

Em seguida o Capitão mandou lançar o prumo. Acharam vinte e cinco braças e, ao pôr do sol, numa distância aproximada de seis léguas da terra, lançamos âncora, em dezenove braças – ancoragem limpa. Ali permanecemos por toda aquela noite. No dia seguinte, quinta-feira pela manhã, fizemos vela e seguimos diretos à terra, mantendo os navios pequenos adiante, por dezessete, dezesseis, quinze, quatorze, treze, doze, dez e nove braças, até meia légua da terra onde todos nós lançamos âncoras defronte à boca de um rio. A ancoragem se completou mais ou menos às dez horas.

Dali avistamos homens que andavam pela praia, uns sete ou oito, segundo disseram os navios pequenos que chegaram primeiro.

Então lançamos fora os batéis e esquifes. Logo vieram todos os capitães das naus à nau capitânia, onde falaram entre si. O Capitão-mor mandou que Nicolau Coelho desembarcasse em terra com um batel e fosse inspecionar aquele rio. E logo que ele começou a dirigir-se para lá, acudiram pela praia homens em grupos de dois, três, de maneira que, ao chegar o batel à boca do rio, já ali estavam dezoito ou vinte homens. Eram pardos, todos nus, sem coisa alguma que lhes cobrisse as suas vergonhas. Traziam nas mãos arcos e setas. Vinham todos rijamente em direção ao batel. Nicolau Coelho lhes fez sinal que pousassem os arcos. E eles assim fizeram.

Nessa ocasião não se pôde haver deles fala nem entendimento que servisse, pelo grande estrondo das ondas que quebravam na praia. Nicolau Coelho lhes deu então somente um barrete vermelho e uma carapuça de linho que levava na cabeça e um sombreiro de penas de ave, compridas as penas, com uma copazinha pequena de penas vermelhas e pardas como de papagaios, e um outro deu-lhe um ramal grande de continhas brancas, miúdas, parecidas com as de aljojas, peças essas que, creio, o Capitão está enviando a Vossa Alteza. E depois de tudo isso, voltou-se às naus por ser já tarde e não ser possível continuar a falar com eles, por causa do mar.

Na noite seguinte ventou tanto sueste, acompanhado de chuvas, que fez caçar as naus, em modo especial a capitânia. E sexta pela manhã, às oito horas, pouco mais ou menos, por conselho dos pilotos, mandou o Capitão levantar âncora e fazer velas; e fomos ao longo da costa, com os batéis e esquifes amarrados à popa, em direção do norte, para ver se achávamos algumas abrigadas e bom pouso, onde parássemos para refornimento de água e lenha. Não que nos minguasse, mas para nos prevenir contra qualquer falta futura.

Quando fizemos vela, estariam já na praia, assentados perto do rio, mais ou menos sessenta ou setenta homens que se haviam juntado ali pouco a pouco. Fomos de longo, e mandou o Capitão aos navios pequenos que seguissem mais próximos da praia e, se achassem pouso seguro para as naus, que amainassem.

E, velejando nós pela costa, acharam os ditos navios pequenos, a mais ou menos dez léguas do sítio de onde tínhamos levantado ferro, um recife com um porto dentro, muito bom e muito seguro, com uma entrada muito larga. E meteram-se dentro e amainaram. As naus logo em seguida e, pouco antes do entardecer, amainaram igualmente, distantes do recife de mais ou menos uma légua. E ancoraram em onze braças.

E estando Afonso Lopes, nosso piloto, em um daqueles navios pequenos a mandado do Capitão, por ser homem vivo e competente para isso, meteu-se logo no esquife a sondar o porto por todas as partes; e tomou, então, dois daqueles homens da terra, mancebos e de bons corpos, que estavam numa jangada. Um deles trazia um arco e seis ou sete flechas; e na praia andavam muitos com seus arcos e flechas, porém deles não fizeram uso em nenhum momento.

Imediatamente, e era já de noite, Afonso Lopes levou os dois mancebos até o Capitão, em cuja nau foram recebidos com muitos agrados e festa.

A feição deles é parda, algo avermelhada; de bons rostos e bons narizes. Em geral são bem-feitos. Andam nus, sem cobertura alguma. Não fazem o menor caso de cobrir ou mostrar suas vergonhas, e nisso são tão inocentes como quando mostram o rosto. Ambos os dois traziam o lábio de baixo furado e metido nele um osso branco e realmente osso, do comprimento de uma mão travessa, e da grossura de um fuso de algodão, agudo na ponta como um furador. Metem-nos pela parte de dentro do lábio, e a parte que fica entre o lábio e os dentes é feita à roque de xadrez, ali encaixado de maneira a não prejudicar o falar, o comer e o beber.

Os cabelos deles são corredios. E andavam tosquiados, de tosquia alta, mais que verdadeiramente de leve, de boa grandeza e, todavia, raspado por cima das orelhas. E um deles trazia por baixo da covinha, de fonte a fonte, na parte por detrás, uma espécie de cabeleira feita de penas de ave, amarela, do comprimento de um coto, muito basta e cerrada, que lhe cobria a nuca e as orelhas. E andava pegada aos cabelos, pena por pena com uma confeição branda como cera – mas em verdade não o era – de maneira que a cabeleira ficava mais redonda e muito basta, com um todo igual, e não era necessário mais lavagem para a levantar da cabeça.

Quando eles vieram a bordo, o Capitão estava sentado em uma cadeira, bem-vestido, com um colar muito grande no pescoço, e tendo aos pés, por estrado, um tapete. Sancho de Tovar, Simão Miranda, Nicolau Coelho, Aires Correa e todos nós outros que nesta mesma nau vamos com ele, ficamos sentados no chão pelo grande tapete. Acenderam-se tochas. E eles entraram sem qualquer sinal de cortesia ou de desejo de dirigir-se ao Capitão ou a qualquer outra pessoa presente, em especial. Todavia, um deles fixou o olhar no colar do Capitão e começou a acenar para a terra e logo em seguida para o colar, como querendo dizer que ali havia ouro. Fixou igualmente um castiçal de prata e da mesma maneira acenava para a terra e logo em seguida para o colar, como querendo dizer que lá também houvesse prata. Mostraram-lhes um papagaio pardo que o Capitão traz consigo: pegaram-no logo com a mão e acenavam para a terra, como a dizer que ali os havia. Mostraram-lhes um carneiro: não fizeram caso dele; uma galinha: quase tiveram medo dela – não lhe queriam tocar, para logo depois tomá-la, com grande espanto nos olhos.

Deram-lhe de comer: pão e peixe cozido, confeitos, bolos, mel e figos passados. Não quiseram comer quase nada de tudo aquilo. E se provavam alguma coisa, logo a cuspiam com nojo. Trouxeram-lhes vinho numa taça, mas apenas haviam provado o sabor, imediatamente demonstraram de não gostar e não mais quiseram. Trouxeram-lhes água num jarro. Não beberam. Apenas bochechavam, lavando as bocas, e logo lançavam fora.

Um deles viu umas contas de rosário, brancas: mostrou que as queria, pegou-as, folgou muito com elas e colocou-as no pescoço. Depois tirou-as e com elas envolveu os braços e acenava para a terra e logo para as contas e para o colar do Capitão, como querendo dizer que dariam ouro por aquilo. Nós assim o traduzíamos porque esse era o nosso maior desejo... Mas se ele queria dizer que levaria as contas e mais o colar, isso nós não desejávamos compreender, porque tal coisa não aceitaríamos fazer. Mas, logo depois ele devolveu as contas a quem lhe dera.

Então deitaram-se na alcatifa, para dormir, sem nenhuma preocupação de cobrirem suas vergonhas, as quais não eram circuncisadas; e as cabeleiras delas estavam raspadas e feitas. O Capitão mandou pôr debaixo da cabeça de cada um deles um travesseiro; enquanto isso, aquele da cabeleira esforçava-se por não a desmanchar. Cobriram-nos com um manto e eles a isso consentiam. Quedaram-se e adormeceram.

No sábado pela manhã o Capitão mandou que se fizesse vela e fomos demandar a entrada, a qual era muito larga e alta de seis a sete braças – um ancoradouro tão grande, tão formoso e tão seguro que nele podem abrigar-se mais de duzentos navios e naus. E tanto que as naus foram sistemadas definitivamente, vieram todos os capitães à nau capitânia. E daqui mandou o Capitão que Nicolau Coelho e Bartolomeu Dias baixassem à terra e levassem aqueles dois homens e os deixassem ir com seus arcos e flechas, isto depois que fizera presentear a cada um deles com uma camisa nova, uma carapuça vermelha e um rosário de contas brancas de osso – que eles levavam nos braços – e, mais, com um cascavel e uma campainha. E mandou com eles, para lá ficar, um mancebo degredado, criado de Dom João Telo, de nome Afonso Ribeiro, para lá andar com eles e aprender os seus usos e costumes. E a mim mandou que fosse com Nicolau Coelho.

Fomos assim diretamente à praia. Ali acudiram logo cerca de duzentos homens, todos nus e com arcos e flechas nas mãos. Aqueles que nós levávamos acenaram-lhes que se afastassem e depusessem os arcos; e eles assim o fizeram, porém sem afastarem-se muito. E mal tinham pousado seus arcos, logo saíram os que nós levávamos, e com eles o mancebo degredado. Aqueles nossos primeiros hóspedes, logo que desceram à terra, não pararam mais e nem esperaram um pelo outro, cada qual na maior corrida. E passaram um rio que por ali corre, de muita e boa água doce, que lhes dava pelo joelho. Desta mesma maneira se comportaram muitos outros, juntos com eles, passando além do rio, entre umas moitas de palmas onde já se encontravam tantos outros companheiros. Ali pararam. Nisto saiu o degredado com um homem que logo à descida da barca o agasalhou, levando-o até o grupo. Porém, logo depois o trouxeram de volta, vindo com os dois que estiveram conosco a bordo, já agora, entretanto, de novo nus e sem carapuças.

Então começaram a chegar outros mais. Entravam pela beira do mar para os batéis, até que mais não podiam; traziam cabaços de água e os carregavam até os batéis. Em verdade eles não chegavam até a borda do batel; próximo deles, lançavam os barris que nós pegávamos. E depois pediam que lhes dessem alguma coisa por isso. Nicolau Coelho levava consigo cascavéis e manilhas. E a uns dava um cascavel, a outros uma manilha, de modo que com aquele engodo quase nos queriam dar a mão. Trocavam arcos e flechas por sombreiros e carapuças de linho ou por qualquer coisa que alguém desejasse dar-lhes.

A partir daquele momento não mais vimos os dois mancebos que conosco estiveram a bordo.

Muitos deles ou a maioria dos que estavam ali traziam aqueles bicos de osso nos lábios. E alguns que deles eram desprovidos tinham os lábios furados e nos buracos uns espelhos de pau, que pareciam espelho de borracha; outros traziam três daqueles bicos, um no meio e os dois outros nos lados da boca. Aí andavam outros, quartejados de cores, a saber, metade sua própria cor, e metade de tintura preta, como azuladas; e outros quartejados de escaques. Ali andavam entre eles três ou quatro moças, muito novas e muito gentis, com cabelos muito pretos e compridos, caídos pelas espáduas, e suas vergonhas tão altas e tão cerradinhas e tão limpas das cabeleiras que, de as muito bem olharmos, não tínhamos nenhuma vergonha.

Ali, por essa ocasião, não houve mais fala nem entendimento com eles, pois a algazarra era tamanhamente bárbara que ninguém mais se podia entender. Acenamos-lhes que fossem embora. Assim o fizeram e se encaminharam para o outro lado do rio. E saíram três ou quatro homens nossos dos batéis, encheram não sei quantos barris d'água que nós levávamos. Então, retornamos às naus. E quando dessa maneira vínhamos, nos fizeram sinal de voltar atrás. Retornamos e então eles mandaram o degredado que não queriam que ficasse lá com eles, o qual levava uma bacia pequena e duas ou três carapuças vermelhas para dar de presente ao chefe, se um chefe ali existisse. Não se preocuparam de tomar-lhe coisa alguma, pelo contrário, mandaram-no de volta com todas as suas coisas. Mas então Bartolomeu Dias o fez retornar, ordenando que lhes desse tudo aquilo. Ele retornou à praia e deu todos os presentes, diante de nossos olhos, àquele que o agasalhara no primeiro encontro. Logo voltou e nós o trouxemos para bordo.

Esse que o agasalhara era já de idade e andava por galanteria cheio de penas pegadas pelo corpo, de tal maneira que parecia um São Sebastião cheio de flechas. Outros traziam carapuças de penas amarelas; outros ainda, de vermelhas; e outros mais, de verdes. E uma daquelas moças era toda tingida, de baixo a cima, daquela tintura; e certamente era tão bem-feita e tão redonda, e sua vergonha – que ela não tinha! – tão graciosa, que a muitas mulheres de nossa terra, vendo-lhes tais feições, provocaria vergonha, por não terem as suas como a dela. Nenhum deles era circunciso, mas, ao contrário, todos eram assim como nós.

E com isto nos tornamos e eles se foram.

À tarde saiu o Capitão-mor em seu batel, com todos nós e com os outros capitães em seus batéis, a folgar pela baía, defronte à praia. Mas ninguém desceu em terra, porque o Capitão assim ordenou, apesar da praia se apresentar deserta. Somente desceu-se – o Capitão com todos nós – num ilhéu grande situado na baía, o qual com baixa-maré fica muito vazio. Apesar de tudo, é por todas as partes cercada de água, de sorte que ninguém pode ir até lá a não ser de barco ou a nado. Ali ele descansou, assim como igualmente nós todos, por bem uma hora e meia. E alguns marinheiros que ali estavam com uma rede pescaram peixe miúdo, mas em verdade não muito. Já bem noitinha, retornamos às naus.

No domingo de Páscoa, pela manhã, determinou o Capitão de ir ouvir missa e pregação naquele ilhéu. Mandou a todos os capitães que se arranjassem nos batéis, e o acompanhassem. Desta maneira tudo foi feito. Mandou armar um pavilhão naquele ilhéu, e dentro dele foi levantado um altar muito bem preparado. E ali, na presença de todos nós, fez dizer missa pelo Padre Frei Henrique, em voz entoada, acompanhada com o mesmo tom pelos outros padres e sacerdotes. A missa, segundo o meu parecer, foi ouvida por todos com muito prazer e devoção.

Ali estava com o Capitão a bandeira da Ordem de Cristo, com a qual saímos de Belém, que esteve sempre alçada, da parte do Evangelho.

Acabada a missa, desvestiu-se o padre e subiu a uma cadeira alta, com todos nós espalhados pelo areal. E pregou uma solene e proveitosa pregação, da história do Evangelho, ao fim da qual tratou da nossa vinda e do achamento desta terra, referindo à luz, sob cuja obediência viemos; palavras que foram muito a propósito e que provocaram muita devoção.

Enquanto assistíamos à missa e ao sermão, estaria na praia outra tanta gente, pouco mais ou menos como ontem, com seus arcos e flechas, e andavam folgando. E olhando-nos, sentaram-se. E depois de acabada a missa, quando sentados nós escutávamos a pregação, muitos deles se levantaram e começaram a tocar corno ou buzina, saltando e dançando por um bom tempo. E alguns deles se metiam em jangadas – duas ou três que lá tinham – as quais não são feitas como as que eu já vi: são somente três traves, atadas entre si. E nelas se metiam quatro ou cinco, ou quantos assim decidissem, não se afastando quase nada da terra, só até onde dava pé.

Acabada a pregação, o Capitão voltou aos batéis, acompanhado por todos nós, com nossa bandeira alta.

Embarcamos e nos dirigimos todos em direção da terra para passarmos ao longo por onde eles estavam, indo na dianteira, por ordem do Capitão, Bartolomeu Dias em seu esquife, com um pau de uma jangada que o mar lhes levara, para o entregar a eles. E nós todos atrás dele, a uma distância de um tiro de pedra.

Logo que viram o esquife de Bartolomeu Dias, entraram n'água, metendo-se nela até onde lhes era possível. Acenaram-lhes que pousassem os arcos; e muitos deles os iam logo pondo por terra, e outros não. Entre eles andava um que falava muito com os outros que se afastassem, mas a mim não parecia que fosse muito acatado ou temido. Este que assim se comportava trazia seu arco e flechas; estava tinto de tintura vermelha pelos peitos, espáduas, quadris, coxas e pernas até embaixo, mas os vazios com a barriga e o estômago eram de sua própria cor. E a tintura era tão vermelha que a água não a comia nem desfazia, pelo contrário, quando saía da água parecia mais vermelha.

Desceu um homem do esquife de Bartolomeu Dias e andava entre eles, sem por isso implicarem nada com ele e nem muito menos lhe mostravam intenções violentas. Pelo contrário, lhe davam cabaças d'água e acenavam aos do esquife que também eles descessem em terra. Com isto, retornou Bartolomeu Dias até o Capitão e voltamos para as naus, a comer, tangendo trombetas e gaitas, sem mais os constranger. E eles voltaram a sentar-se na praia e assim ficaram por muito tempo.

Neste ilhéu, onde fomos ouvir missa e pregação, espraiava muito a água, deixando muita areia e muito cascalho a descoberto. Enquanto ali estávamos, alguns dos nossos foram em busca de marisco e somente acharam alguns camarões grossos e curtos, entre os quais vinha um tão grande e tão grosso como eu jamais vira igual. Também acharam cascas de berbigões e ameijoas, mas não toparam com nenhuma peça inteira. E depois de termos comido, vieram logo todos os capitães a esta nau, por ordem do Capitão-mor, com os quais ele se apartou, e eu na companhia deles. E então o Capitão perguntou a todos e nos parecia bem mandar a nova do achamento desta terra a Vossa Alteza pelo navio dos mantimentos, para melhor a mandar descobrir e saber dela mais do que nós agora podíamos saber, por irmos adiante na nossa viagem. E entre muitas falas que na oportunidade se fizeram, foi por todos ou a maior parte dito que seria muito fazer assim. E nisto concordaram todos. E logo que a decisão foi tomada, perguntou mais se lhes parecia bem tomar aqui por força um par destes homens para os mandar a Vossa Alteza. Sobre isto acordaram que não era necessário tomar à força homens, porque era geral costume dos que assim eram levados à força para alguma parte dizerem que ali há de tudo quanto lhe perguntam; e que melhor e muito melhor informação da terra dariam dois homens dentre os degredados que aqui fossem deixados, do que eles dariam se os levassem, por ser gente que ninguém entende. Nem certamente eles aprenderiam a falar como nós para o saberem tão bem dizer que muito melhor estoutros não o digam quando Vossa Alteza aqui comandar. E que, portanto, não cuidássemos de tomar ninguém aqui à força, nem de fazer escândalos, mas sim, para que desta maneira fosse possível amansá-los e apaziguá-los, somente deixar aqui os dois degredados, quando daqui partíssemos.

Desta maneira ficou determinado, por assim parecer melhor a todos.

Resolvida a questão colocada pelo Capitão, ele nos disse de irmos nos batéis em terra para uma definitiva verificação do rio e também para folgarmos. Assim fizemos: descemos à terra armados e levávamos a bandeira conosco. Eles estavam ali na praia, à boca do rio, para onde nos dirigíamos; e antes que ali chegássemos, pelo ensino que dantes tinham, puseram todos os arcos por terra e acenavam que saíssemos. Mas, logo depois que os batéis puseram as proas em terra, passaram-se logo todos além do rio, o qual não é mais largo que um jogo de mancal. E mal desembarcamos, alguns dos nossos passaram logo o rio, misturando-se com eles. Então alguns deles aguardavam; outros se afastavam do lugar. Porém, tudo de tal maneira que no final todos andavam misturados. Eles ofereciam arcos e flechas por sombreiros e carapuças de linho ou por qualquer coisa que lhes fosse dada.

Passaram além tanto dos nossos e de tal forma andavam misturados com eles que muitos se esquivavam e se afastavam. E deles alguns iam para cima de um monte, onde outros já estavam.

Então o Capitão fez que dois homens o tomassem ao colo, passou o rio, e fez tornar a todos.

A gente que ali se encontrava não era mais que aquela de costume. E logo que o Capitão fez tornar a todos, chegaram-se a eles alguns daqueles, não porque o conhecessem por Senhor, pois me parece que de uma tal posição não tenham entendimento, nem disso tomavam conhecimento, mas porque a nossa gente já passava para aquém do rio. Ali falavam e traziam muitos arcos e continhas, aquelas já referidas, e resgatavam-nas por qualquer coisa, de tal maneira que os nossos retornaram às naus carregados de arcos, flechas e contas.

Então – eu dizia – tornou-se o Capitão aquém do rio, e logo acudiram muitos à beira dele. Ali veríeis galantes pintados de preto, vermelho, e quartejados tanto nos corpos quanto nas pernas que, certamente, assim se apresentavam bem.

Também andavam entre eles quatro ou cinco mulheres moças, nuas como os homens, que não se apresentavam mal. Uma delas andava toda tingida daquela tintura preta, numa coxa, do joelho até o quadril e a nádega; e todo o resto, de sua cor natural. Uma outra trazia ambos os joelhos com as curvas assim igualmente tintos de preto, bem como os colos dos pés, e suas vergonhas tão nuas e com tanta inocência descobertas, que não havia nisso vergonha alguma.

Também andava por lá uma outra mulher, ela também nova, com um menino ou menina atada com um pano – não sei de quê – aos peitos, de modo que lhe apareciam somente as perninhas. Mas nas pernas da mãe, e no resto de seu corpo, não havia pano algum.

Em seguida o Capitão foi subindo ao longo do rio, que corre sempre próximo da praia. E ali esperou por um velho que trazia na mão um tronco de jangada. O velho falou enquanto o Capitão estava com ele, diante de todos nós; mas ninguém o entendia e nem ele a nós, por mais pergunta que lhe fizéssemos com respeito a ouro, porque desejávamos saber se o havia na terra.

Trazia este velho o lábio inferior tão furado que lha cabia pelo buraco um grande dedo polegar e trazia metido no buraco uma pedra verde – de pouco valor – que fechava por fora aquele buraco. O Capitão lha fez tirar. E ele não sei que diabo falava e ia com ela para a boca do Capitão, para ali metê-la. Rimos todos, por um pouco, com este episódio, e então enfadou-se o Capitão e deixou-o. Então um dos nossos deu-lhe pela pedra um sombreiro velho; não tanto porque ela valesse alguma coisa, mas para amostra. E depois recebeu-a o Capitão – assim acredito – para remetê-la juntamente com as outras coisas a Vossa Alteza.

Andamos por ali vendo o ribeirão, o qual é de muita água e muito boa. Ao longo dele há muitas palmeiras, não muito altas, de muito bons palmitos. Colhemos e comemos muitos deles.

Depois tornou-se o Capitão para baixo, para a boca do rio, onde tínhamos desembarcado.

E do outro lado do rio andavam muitos deles dançando e folgando, uns diante dos outros, sem se tomarem pelas mãos. E faziam-no bem. Passou-se, então, além do rio, Diogo Dias, que fora tesoureiro da Casa Real em Sacavém, o qual é homem gracioso e de prazer; e levou consigo um gaiteiro nosso com sua gaita. Logo meteu-se com eles a dançar, tomando-os pelas mãos; e eles folgavam e riam, e o acompanhavam muito bem ao som da gaita. Depois de dançarem, fez-lhe ali, andando no chão, muitas voltas ligeiras e o salto mortal, de que eles se espantavam muito e riam e folgavam. Como ele – Diogo Dias – com esses bailes muito os segurasse e os afagasse, logo se retraíram, como animais monteses, e se retiraram para cima do monte.

E então o Capitão passou o rio com todos nós, e fomos pela praia acima, enquanto que os batéis iam rentes à terra. Fomos até uma grande lagoa de água doce, que se encontra perto da praia, porque toda aquela ribeira é apaulada por cima e sai água por muitas partes.

Depois de passarmos o rio, foram uns sete ou oito deles andar entre os marinheiros que se recolhiam nos batéis. E levaram dali um tubarão que Bartolomeu Dias matara. Levaram-no e o lançaram na praia.

Tudo isso bastará a Vossa Alteza para ver como eles passavam de uma confraternização a um retraimento, como pardais, com medo do cevadoiro. Ninguém não lhe deve falar de rijo, porque então logo se esquivam; para bem os amansar é preciso que tudo se passe como eles querem.

O Capitão deu ao velho, com quem falara, uma carapuça vermelha. E com com toda a conversa que com ele teve e com a carapuça recebida de presente, nada mais quis e logo se despediu, passando o rio para não mais aqui retornar. Os outros dois que o Capitão teve nas naus, aos quais deu o que já foi dito, nunca mais aqui apareceram, fatos que me induzem a pensar que se trate de gente bestial e de pouco saber, e por isso mesmo tão esquivas. Mas apesar de tudo isso, andam bem curados e muito limpos. E naquilo sempre mais me convenço que são como aves ou animais montesinhos, aos quais faz o ar melhor pena e melhor cabelo que aos mansos, porque os seus corpos são tão limpos, tão gordos e formosos, a não mais poder. Tudo isso me faz presumir que não têm casas nem moradas a que se acolham; e o ar em que se criam os faz tais. Nós até agora não vimos nenhuma casa ou coisa que com ela se pareça.

Mandou o Capitão àquele degredado, Afonso Ribeiro, que se fosse outra vez com eles. Ele assim o fez e ficou por lá um bom pedaço, mas à tarde retornou, mandado por eles, que não o queriam por lá. E deram-lhe arcos e flechas; e de seu não lhe tomaram alguma coisa. Pelo contrário – contou ele – que um lhe tomara umas continhas amarelas, que levava consigo, e fugia com ela, e ele se queixou: logo os outros partiram atrás daquele, tomaram-lhe as continhas e lhe devolveram. Depois de que mandaram-no vir embora. Contou que não vira lá entre eles mais que umas choupaninhas de rama verde e de feteiras, muito grandes, como as de Entre Douro e Minho.

E assim retornamos às naus que já era quase noite, a dormir.

Na segunda-feira, depois de comer, saímos todos em terra para o abastecimento de água. Ali vieram então muitos deles, mas não tantos como das outras vezes.

Já muito poucos traziam arcos e flechas. De início, mantiveram-se um pouco afastados, para depois, pouco a pouco, misturarem-se conosco. Abraçavam-nos e folgavam. Mas alguns logo depois se esquivavam. Ali davam alguns arcos por folhas de papel e por alguma carapucinha velha ou por qualquer outra coisa. De tal maneira essas coisas se passaram que bem vinte ou trinta dos nossos se foram com eles em direção de um lugar onde muitos outros deles estavam com moças e mulheres. E trouxeram de lá muitos arcos e barretes de penas de aves, alguns verdes, outros amarelos, dos quais, segundo creio, o Capitão há de mandar uma amostra a Vossa Alteza.

Conforme contaram os que lá estiveram, eles muito folgaram com os nossos. Neste dia pudemos vê-los mais de perto e mais à nossa vontade, pela mistura que fizemos com eles. Ali alguns andavam quartejados com aquelas tinturas; outros, de metades; outros, com tantas cores pintados como em pano de Arras, e todos com os lábios furados, sendo que muitos traziam ossos neles, e outros sem ossos. Alguns traziam uns ouriços verdes, de árvores, que na cor pareciam de castanheiros, embora fossem muito menores. E eram igualmente cheios de uns grãos vermelhos pequenos que, quando esmagados entre os dedos, se desfaziam naquela tinta muito vermelha com que se apresentavam. E quanto mais se molhavam, mais este vermelho se avivava.

Todos andavam rapados até por cima das orelhas, bem como as sobrancelhas e pestanas. Traziam todos as testas, de fonte a fonte, tintas de tintura preta, quase parecendo uma fita preta da largura de dois dedos.

E o Capitão mandou àquele degredado, Afonso Ribeiro, e a outros dois degredados, que se fossem andar e misturar com eles; e o mesmo disse a Diogo Dias, por ser homem alegre, com quem eles muito folgavam. Aos degredados ordenou que ficassem lá esta noite.

Foram-se todos para lá, e andaram entre eles. Conforme depois contaram, caminharam por bem uma légua e meia até uma povoação composta de nove ou dez casas, as quais eram tão compridas como a nossa nau capitânia. Eram de razoável altura, de boas madeiras as ilhargas e cobertas de palhas. Todas se compunham de um só espaço, sem repartição de cômodos, com muitos esteios internos; e de esteio em esteio estava uma rede, atada com cabos em cada esteio, altas, em que dormiam. Debaixo dela, para se aquentarem, faziam seus fogos. E tinha cada casa duas portas pequenas, uma em cada extremidade. E diziam que em cada casa se recolhiam trinta ou quarenta pessoas, e que assim os encontraram. E que lhes deram de comer dos alimentos que tinham, a saber, muito inhame e outras sementes que na terra há e que eles comem. E como já anoitecia, fizeram com que eles logo retornassem, pois não queriam que lá ficasse ninguém. Ainda, segundo diziam os nossos, queriam vir com eles. Resgataram lá por cascavéis e por coisinhas de pouco valor, que consigo tinham levado, papagaios vermelhos, muito grandes e formosos, e dois verdes, pequeninos, e carapuças de penas verdes; e mais uma espécie de pano de penas de muitas cores, espécies de tecido assaz belo, conforme Vossa Alteza todas estas coisas verá, porque o Capitão Vo-las há de mandar, como ele mesmo já disse.

E com isto vieram: e nós retornamos às naus.

Na terça-feira, depois de comer, fomos em terra para dar guarda aos recolhedores de lenha e para lavar roupa.

Quando lá chegamos, estavam na praia sessenta ou setenta deles, desarmados, sem flechas e sem nada. Logo que chegamos, vieram imediatamente para a nossa companhia, sem se esquivarem. Depois acudiram muitos mais, bem duzentos, todos sem arcos; e misturam-se todos de maneira tal conosco, ao ponto de alguns nos ajudarem a acarretar lenha e a transportá-la para os batéis. E lutavam como os nossos, tomando nisso grande prazer. Enquanto cortávamos lenha, dois carpinteiros faziam uma grande cruz de um pau que ontem se cortara especialmente para isso. Muitos deles vinham ali estar junto aos carpinteiros. E acredito que assim o faziam mais para verem a ferramenta de ferro com que o carpinteiros trabalhavam do que para verem a cruz, porque eles não têm coisas de ferro e cortam suas madeiras e paus com pedras feitas de cunhas metidas em um pau entre duas talas, muito bem atadas, e de tal maneira que andam sempre fortes, segundo diziam os homens que ontem estiveram nas suas casas e que lá isso observaram.

A conversação deles conosco era já tanta que quase nos estorvavam no nosso trabalho.

O Capitão mandou os dois degredados e Diogo Dias que fossem lá à aldeia – bem como a outras se existissem notícias delas – e que de nenhum modo retornassem para dormir a bordo, mesmo se aqueles os mandassem embora. E assim se foram.

Enquanto andávamos nessa mata a cortar lenha, passaram alguns papagaios por essas árvores, alguns deles sendo verdes, outros pardos, grandes e pequenos, dando-me a impressão que haverá muitos nesta terra. Porém eu não creio de haver visto mais de nove ou dez. Nessa oportunidade, outras aves não vimos, a não ser pombas seixas, que me pareciam bastante maiores que as de Portugal. Alguns disseram que viram pombas rolas; eu não as vi. Todavia, como os arvoredos são muito numerosos e grandes – e de infinitas espécies – não duvido que por esse sertão haja muitas aves!

Com o anoitecer, retornamos para as naus com nossa lenha.

Eu creio, Senhor, que ainda não dei conta aqui a Vossa Alteza da feição de seus arcos e flechas. Os arcos são pretos e compridos; as flechas são também compridas e os ferros delas são canas aparadas, conforme Vossa Alteza verá por alguns exemplares que o Capitão vos enviará.

Na quarta-feira não descemos em terra, porque o Capitão andou todo o dia no navio dos mantimentos a despejá-lo e fazer levar às naus tudo quanto cada uma podia carregar. Eles acudiram à praia, em muitos, conforme observamos das naus. Seriam perto de trezentos, segundo disse Sancho de Tovar que para lá foi. Diogo Dias e Afonso Ribeiro, o degredado, aos quais o Capitão ordenara que de toda maneira dormissem fora, tinham voltado de noite, por eles não quererem que lá ficassem. E traziam papagaios verdes e outras aves pretas, quase como pegas, com a só diferença que tinham o bico branco e os rabos curtos.

Quando Sancho de Tovar se recolheu à nau, alguns queriam vir com ele, porém foram aceitos somente dois mancebos, bem dispostos e homens de prol. Mandou-os esta noite muito bem pensar e tratar. Comeram toda a ração que lhes deram; e mandou fazer-lhes camas de lençóis, como ele mesmo disse. Dormiram e folgaram aquela noite.

E não houve mais nada nesse dia que merecesse ser contado.

Na quinta-feira, derradeiro dia de abril, comemos logo de manhã cedo, e fomos em terra para recolher mais lenha e água. E, em querendo o Capitão deixar esta nau, chegou Sancho de Tovar com seus dois hóspedes. E já que ele ainda não comera, prepararam-lhe a mesa. Trouxeram-lhe vianda e comeu. Os hóspedes sentaram-se cada um na própria cadeira; e de tudo que lhes deram comeram muito bem, especialmente presunto cozido frio e arroz. Não lhes deram vinho porque Sancho de Tovar dissera que eles não gostavam da bebida.

Acabado o comer, metemo-nos todos no batel, e eles conosco. Um grumete deu a um deles um dente de javali, bem revolto. E logo que o tomou, meteu-o nos lábios; e porque o osso não se fixava bem, deram-lhe um pouco de cera vermelha. E ele ajeitou seu adereço da parte detrás, para ficar segura, e meteu-o no lábio, assim revolta para cima; e ia tão contente com ele; como se tivesse uma grande joia. E logo que chegamos em terra, foi-se logo com a sua joia, sem mais aparecer por lá...

Andaram na praia, quando saímos, oito ou dez deles; e daí a pouco começaram a vir mais. E parece-me que viriam, este dia, à praia, quatrocentos ou quatrocentos e cinquenta. Alguns deles traziam arcos e flechas, que todos trocaram por carapuças ou por qualquer coisa que lhes davam. Comiam conosco de tudo que lhes oferecíamos. Alguns deles bebiam vinho; outros não o podiam suportar. Mas quer-me parecer que, se os acostumarem, o hão de beber de boa vontade. Andavam todos tão bem dispostos, tão bem feitos e galantes com suas tinturas que muito agradavam. Acarretavam dessa lenha, na maior quantidade que podiam, com muito boa vontade, e levavam-na aos batéis. E estavam já mais mansos e seguros entre nós do que nós estávamos entre eles.

Foi o Capitão com alguns de nós um pedaço por este arvoredo, até um ribeiro grande e de muita água, que ao nosso parecer é o mesmo que vem ter à praia, onde nós tomamos água. Ali descansamos um pedaço, bebendo e folgando, ao longo dele, entre esse arvoredo que é tanto e tamanho, e tão basto e tanta qualidade de folhagem que não se pôde calcular. Há lá muitas palmeiras, de que colhemos muitos e bons palmitos.

Quando saímos do batel, disse-nos o Capitão que seria bem que fôssemos diretamente à cruz que estava encostada a uma árvore, junto ao rio, a fim de ser colocada amanhã, sexta-feira, e que nos puséssemos todos de joelhos e a beijássemos para que eles vissem o acatamento que lhe tínhamos. E assim fizemos. E a esses dez ou doze que lá estavam, acenaram-lhes que fizessem o mesmo; e logo foram todos beijá-la.

Parece-me gente de tal inocência que, se nós entendêssemos a sua fala e eles a nossa, seriam logo cristãos, visto que não têm nem entendem crença alguma, segundo as aparências. E, portanto, se os degredados que aqui hão de ficar aprenderem bem a sua fala e os entenderem, não duvido que eles, segundo a santa tenção de Vossa Alteza, se farão cristãos e hão de crer na nossa santa fé, à qual praza a Nosso Senhor que os traga, porque certamente esta gente é boa e de bela simplicidade. E imprimir-se-á facilmente neles todo e qualquer cunho que lhes quiserem dar, uma vez que Nosso Senhor lhes deu bons corpos e bons rostos, como a homens bons. E o fato de Ele nos haver até aqui trazido, creio que não o foi sem causa. E portanto Vossa Alteza, que tanto deseja acrescentar à santa fé católica, deve cuidar da salvação deles. E aprazerá a Deus que com pouco trabalho seja assim!

Eles não lavram nem criam. Nem há aqui boi ou vaca, cabra, ovelha ou galinha, ou qualquer outro animal que esteja acostumado ao convívio com o homem. E não comem senão deste inhame, de que aqui há muito, e dessas sementes e frutos que a terra e as árvores de si deitam. E com isto andam tais e tão rijos e tão nédios que o não somos nós tanto, com quanto trigo e legumes comemos.

Nesse dia, enquanto ali andavam, dançaram e bailaram sempre com os nossos, ao som de um tambril nosso, como e fossem mais amigos nossos do que nós seus. Se a gente lhes acenava, se queriam vir às naus, aprontavam-se logo para isso, de modo tal que, se os convidávamos a todos, todos viriam. Porém, não trouxemos esta noite a bordo senão quatro ou cinco, a saber: o Capitão-mor, dois; Simão de Miranda, um que trazia já por pajem, e Aires Gomes, outro, também por pajem.

Dos dois que o Capitão trazia, um era um dos hóspedes que lhe haviam trazido à primeira vez quando aqui chegamos, o qual hoje veio aqui vestido com a sua camisa, e com ele um seu irmão; e foram esta noite muito bem agasalhados, tanto de comida como de cama, de colchões e lençóis, para os mais amansar.

E hoje, que é sexta-feira, primeiro dia de maio, saímos pela manhã em terra com nossa bandeira. E fomos desembarcar rio acima, contra o sul, onde nos pareceu que seria melhor colocar a cruz, para melhor ser vista. E ali marcou o Capitão o lugar onde haviam de fazer a cova para a plantar. E enquanto a iam abrindo, ele com todos nós outros fomos recolher a cruz, rio abaixo, onde ela estava. E com os religiosos e sacerdotes que cantavam, à frente, fomos trazendo-a dali, a modo de procissão. Já se encontrava ali grande número deles, uns setenta ou oitenta; e quando assim nos viram chegar, alguns se foram meter debaixo dela para nos ajudar. Passamos o rio, ao longo da praia; e fomos colocá-la onde havia de ficar, que será obra de dois tiros de besta do rio. Andando-se ali nisto, viriam bem cento e cinquenta, ou mais deles. Plantada a cruz, com as armas e a divisa de Vossa Alteza, que primeiro lhe haviam pregado, armaram altar ao pé dela. Ali disse missa o Padre Frei Henrique, a qual foi cantada e oficiada por esses já ditos. Ali estiveram conosco, assistindo a ela, perto de cinquenta ou sessenta deles, assentados todos de joelhos, assim como nós. E quando se chegou ao Evangelho, ao nos erguermos todos em pé com as mãos levantadas, eles se levantaram conosco e alçaram as mãos, estando assim até se chegar ao fim; e então tornaram a assentar-se, como nós. E quando levantaram a Deus, que nos pusemos de joelhos, eles se puseram todos assim como nós estávamos, com as mãos levantadas, e em tal maneira sossegados que certifico a Vossa Alteza que nos fez muita devoção.

Estiveram assim conosco até o fim da comunhão; e depois da comunhão, comungaram esses religiosos e sacerdotes; e o Capitão com alguns de nós outros. E alguns deles, por o sol estar já alto, levantaram-se enquanto estávamos comungando, e outros estiveram e ficaram. Um deles, homem de cinquenta ou cinquenta e cinco anos, se conservou ali com aqueles que ficaram. Esse, enquanto assim estávamos, juntava aqueles que ali tinham ficado, e ainda chamava outros. E andando assim entre eles, falando-lhes, acenou com o dedo para o altar, e depois mostrou com o dedo para o céu, como se lhes dissesse alguma coisa de bem; e nós assim o tomamos!

Acabada a missa, tirou o Padre a vestimenta de cima, e ficou em alva, assim se subiu, junto ao altar, numa cadeira; e ali nos pregou do Evangelho e dos Apóstolos, aos quais o dia é consagrado, tratando, no fim da pregação, deste vosso prosseguimento tão santo e virtuoso, o que nos aumentou a devoção.

Aqueles outros, que estiveram sempre presentes à pregação, estavam assim como nós olhando para o nosso pregador. E aquele de quem falei antes, chamava alguns para que viessem até ali. Alguns vinham e outros iam-se, e acabada a pregação, trazia Nicolau Coelho muitas cruzes de estanho com crucifixos, que lhe ficaram da outra viagem. E convieram por bem que lançassem a cada um a sua ao pescoço. Por essa causa se assentou o Padre Frei Henrique ao pé da Cruz; e ali lançava a sua a todos – um a um – ao pescoço, atada em um fio, fazendo que primeiro a beijassem e levantassem as mãos. Vinham a isso muitos; e lançaram-nas todas, que seriam obra de quarenta ou cinquenta. E chegando ao fim disso – era já bem uma hora depois do meio-dia – viemos às naus a comer, tendo o Capitão trazido consigo aquele mesmo homem que fez aos outros aquele gesto para o altar e para o céu, e com ele um seu irmão. A aquele fez muita honra e deu-lhe uma camisa mourisca; ao outro, uma camisa d'estoutras.

E segundo o que a mim e a todos pareceu, esta gente não lhes falece outra coisa para ser toda cristã do que nos entenderem, porque assim tomavam aquilo que nos viam fazer como nós mesmos; por onde parecer a todos que nenhuma idolatria nem adoração têm. E bem creio que, se Vossa Alteza aqui mandar quem entre eles mais devagar ande, que todos serão tornados e convertidos ao desejo de Vossa Alteza. E por isso, se alguém vier, não deixe logo de vir clérigo para os batizar; e porque já então terão mais conhecimento de nossa fé, pelos dois degredados que aqui entre eles ficam, os quais hoje também comungaram.

Entre todos estes que hoje vieram não veio mais que uma mulher, moça, a qual esteve sempre à missa e a quem deram um pano para que se cobrisse; e o puseram em volta dela. Todavia, ao sentar-se, não se lembrava de o estender muito para se cobrir. Assim, Senhor, a inocência desta gente é tal que a de Adão não seria maior, com respeito ao pudor.

Ora veja, Vossa Alteza, quem em tal inocência vive, se se converterá, ou não, se lhe ensinarem o que pertence à sua salvação.

Acabado isso, fomos perante eles beijar a cruz. E despedimo-nos e fomos comer.

Creio, Senhor, que com estes dois degredados que aqui ficam, ficarão mais dois grumetes que esta noite se saíram em terra, desta nau, no esquife, fugidos, os quais não retornaram mais. E cremos que ficarão aqui porque amanhã, aprazendo a Deus, fazemos nossa partida daqui.

Esta terra, Senhor, parece-me que, da ponta que mais contra o sul vimos, até outra ponta que contra o norte vem, de que nós deste ponto temos vista, será tamanha que haverá nela bem vinte ou vinte e cinco léguas por costa. Tem, ao longo do mar, em algumas partes, grandes barreiras, algumas vermelhas, outras brancas; e a terra por cima é toda chã e muito cheia de grandes arvoredos. De ponta a ponta é tudo praia redonda, muito chã e muito formosa.

Pelo sertão nos pareceu, vista do mar, muito grande, porque a estender d'olhos não podíamos ver senão terra com arvoredos, que nos parecia muito longa.

Nela até agora não pudemos saber que haja ouro, nem prata, nem coisa alguma de metal ou ferro; nem o vimos. Porém a terra em si é de muito bons ares, assim frios e temperados comos de Entre Douro e Minho, porque neste tempo de agora os achávamos como os de lá.

As águas são muitas e infindas. E em tal maneira é graciosa que, querendo aproveitá-la, tudo dará nela, por causa das águas que tem.

Porém, o melhor fruto que dela se pode tirar me parece que será salvar esta gente. E esta deve ser a principal semente que Vossa Alteza nela deve lançar.

E que não houvesse mais que ter aqui Vossa Alteza esta pousada para a navegação de Calicute, isso bastava. Mais ainda, disposição para nela cumprir-se – e fazer – o que Vossa Alteza tanto deseja, a saber: acrescentamento da nossa Santa Fé!

E desta maneira dou aqui a Vossa Alteza conta do que nesta Vossa terra vi. E se me alonguei um pouco, Ela me perdoe. Porque o desejo que tinha de Vos tudo dizer, me fez pôr assim tudo pelo miúdo.

E pois que, Senhor, é certo que tanto neste cargo que levo como em outra qualquer cousa de Vosso serviço for, Vossa Alteza há de ser por mim muito bem servida, a Ela peço que por me fazer singular mercê, mande vir da Ilha de São Tomé a Jorge de Osório, meu genro – o que d'Ela receberei em muita mercê.

Beijo as mãos de Vossa Alteza.

Deste Porto Seguro, da Vossa Ilha de Vera Cruz, hoje, sexta-feira, primeiro dia de maio de 1500.

Pero Vaz de Caminha

Pedralnis cabral.

APÊNDICE 1

A RELAÇÃO DO "PILOTO ANÔNIMO"

NAVEGAÇÃO DO CAPITÃO PEDRO ÁLVARES
ESCRITA POR UM PILOTO PORTUGUÊS
TRADUZIDA PARA O ITALIANO[1]

Como o Rei de Portugal mandou uma armada de doze navios e naves, tendo como Capitão Pedro Álvares, dez das quais deviam ir a Calicute e as outras duas por outro caminho a Cefala, que está na mesma direção, para contratar mercadorias; e como foi descoberta uma terra muito abundante de árvores e de gente.

No ano de MD mandou o sereníssimo Rei de Portugal Dom Manuel uma sua armada de navios e naves, pelas partes da Índia, na qual armada estavam doze navios e naves, Capitão-geral Pedro Álvares fidalgo; as quais naves e navios partiram bem apetrechadas e com posse de todas coisas necessárias para um ano e meio. Das quais dez naves ordenou que fossem em Calicute, e que as outras duas por outra estrada para um lugar chamado Cefala, para poder contratar mercadorias, o qual lugar Cefala se encontrava no caminho de Calicute; e da mesma maneira as outras dez naves levassem mercadorias convenientes para a dita viagem. E aos VIII do mês de março do dito milésimo estavam prontas e então no dia de domingo andaram distante da cidade por duas milhas num lugar chamado Rastelo, aonde está a igreja de Santa Maria de Belém, no qual lugar o Rei foi ele próprio em pessoa consignar ao Capitão o estandarte real para a dita armada. Na segunda-feira, que foi o IX de março, partiu a dita armada, com bom tempo, para a sua viagem. Ao XIIII do dito mês passou a dita armada pela ilha das Canárias; aos XXII passou pela ilha de Cabo Verde; aos XXIII se partiu uma nave da dita armada, de tal maneira que dessa jamais não se sentiram novas até o dia de hoje, nem nada se pôde saber.

Aos XXIII de abril, que foi a quarta-feira da oitava de Páscoa, teve a dita armada vista de uma terra, do que teve grandíssimo prazer: e chegaram até aquela para saber que terra era, a qual encontraram muito abundante de árvores e de gente que andava pela praia. E passaram ainda pela boca de um rio pequeno, e depois o Capitão mandou lançar um batel e mandou ver que gentes eram aquelas: e encontram que era de cor parda, entre o branco e o preto, e bem dispostos, com cabelos longos; e vão nus como nasceram, sem nenhuma vergonha, e cada um deles trazia o seu arco com flechas, como homens que estivessem em defesa do dito rio. A dita armada não tinha ninguém que entendesse a língua deles, e por isso aqueles do batel retornaram ao Capitão, e nisto estando se fez noite, na qual noite se fez grande fortuna. No dia seguinte de manhã se levantou a dita armada com um grande temporal, e correu-se a costa pela tramontana (o vento era o de siroco) para ver se encontrávamos para nos refugiar e ancorar. Finalmente encontramos um, onde lançamos âncora, e vimos destes mesmos homens que iam com as suas barcas em pescaria; e um dos nossos batéis foi até onde estavam e tomou dois deles, os quais foram levados até o Capitão para que se soubesse que gente fosse: e como já se disse, deles nada se entendia, nem mesmo por gestos. E por aquela noite o Capitão os reteve a bordo; no dia seguinte os mandou à terra com uma camisa e um vestido e um chapéu vermelho, pelas quais vestimentas ficaram muito contentes e maravilhados pelas coisas que lhes foram mostradas.

Como os homens daquela terra começaram a relacionar-se com aqueles da armada; das qualidades dos ditos homens e das suas casas; e de certos peixes muito diferentes dos nossos.

Neste mesmo dia, que em a oitava de Páscoa, aos XXVI de abril, determinou o Capitão-mor que escutasse missa e mandou levantar uma cortina na praia, sob a qual cortina foi elevado um altar; e todas as gentes da armada foram ouvir missa e sermão, aonde se encontraram muitos daqueles homens, bailando e cantando com as suas cornetas. E logo que terminou a missa, todos retornaram a bordo, e aqueles homens da terra entravam no mar até debaixo dos braços, cantando, brincando e fazendo festa. E depois, tendo o Capitão almoçado, a gente da dita armada retornou à terra, divertindo-se com aqueles homens da terra; e começaram a tratar com aqueles da armada, e davam dos ditos arcos e flechas por sininhos, folhas de papel e pedaços de pano; encontramos neste lugar um rio de água doce, e à tarde voltamos à nave. Da mesma maneira no dia seguinte determinou o Capitão-mor de apanhar água e lenha, e todos aqueles da dita armada foram à terra, e aqueles homens do local vinham para ajudar a apanhar água e lenha. E alguns dos nossos foram até a terra onde estes homens estão, cerca de três milhas do mar, e trocaram papagaios e uma raiz chamada inhame, que é o pão deles que comem, e arcos;

aqueles da armada lhes davam sinos e folhas de papel em pagamento das mencionadas coisas. No qual lugar estivemos cinco ou seis dias.

A qualidade destes homens: eles são homens cor de bronze e vão nus sem vergonha alguma, e os seus cabelos são compridos, e têm a barba raspada; e as pálpebras dos olhos e as sobrancelhas são pintadas com figuras de cores brancas, pretas e azuis e vermelhas; trazem os lábios da boca, isto é, aqueles de baixo, furados e ali colocam um osso grande como enfeite, e outro trazem, quem uma pedra azul e quem outro verde, e chupam pelos ditos buracos. As mulheres semelhantemente vão nuas sem vergonha, e são belas de corpo e trazem os cabelos compridos. E as suas casas são de madeira, cobertas de folhas e ramos de árvores, com muitas colunas de madeira no meio das ditas casas; e das ditas colunas até a parede colocam uma rede de tecido entrelaçado, na qual está um homem, e entre duas redes fazem um fogo, de modo que em uma só casa estarão quarenta ou cinquenta camas, armadas na maneira de um telaio.

Nesta terra não vimos ferro e nem qualquer outro metal, e a lenha cortam com pedra. Têm muitos pássaros de diversas espécies, e especialmente papagaios de muitas cores, entre os quais existem alguns grandes como galinhas, e outros pássaros muito belos; e das penas dos mencionados pássaros fazem chapéus e barretes que trazem consigo. A terra é muito abundante de muitas árvores e muita água, e milho e inhame e algodão. Nestes lugares não vimos nenhum animal de quatro patas. A terra é grande e não sabemos se é ilha ou continente, porém acreditamos que isso seja pela grandeza da terra, e tem muitos bons ares. E estes homens têm redes e são pescadores grandes, e pescam as mais variadas espécies de peixes, entre os quais vimos um peixe que pescaram que podia ser grande como um tonel e mais longo e redondo, e tinha a cabeça como um porco e os olhos pequenos, e não tinha dentes, e tinha as orelhas longas; debaixo o corpo tinha muitos buracos e o rabo era comprido como um braço; não tinha pé nenhum em qualquer parte, tinha a pele como o porco (o couro era da grossura de um dedo) e as suas carnes eram brancas e gordas como de porco.

Como o Capitão enviou carta ao Rei de Portugal, dando-lhe notícia de haver descoberto da dita terra, e como por fortuna.

Nestes dias que estamos aqui, determinou o Capitão fazer saber ao nosso sereníssimo Rei a descoberta desta terra, e de aqui deixar dois homens degredados e condenados à morte, que vinham na dita armada para esse fim. E logo o dito Capitão despachou uma nave que antes servia de armazém de mantimentos, a isto além das outras doze já citadas acima, a qual nave levou as cartas ao Rei, nas quais se continha quanto tínhamos visto e descoberto. E despachado o dito navio, o Capitão desceu à terra e mandou fazer uma cruz muito grande de madeira e a mandou plantar na praia, e dessa mesma forma como já escrevera mandou deixar os dois degredados no dito lugar, os quais começaram a chorar, e os homens daquela terra os confortavam e demonstravam ter piedade por eles.

No dia seguinte, que foi o dois de maio do dito ano, a armada levantou velas na direção do caminho do Cabo da Boa Esperança, o qual caminho seria cheio de mar por mais de mil e duzentas léguas, e são quatro milhas por légua.

Nota

1. G. B. Ramúsio, *Navigazioni e Viaggi,* 6 vv., org. de Marica Milanesi, Einaudi, Turim, 1978 (vol. I, p. 619-653). Citamos somente a parte da relação do "Piloto Anônimo" que traz referências ao Brasil. A relação foi publicada pela primeira vez por Montalboddo, *Paesi nuovamente ritrovati,* Veneza, 1507, e logo em seguida por Ramúsio. Não tendo sido mais encontrado o original português, a versão italiana serviu sempre de base para a recuperação textual do piloto português desconhecido. Neste sentido, veja-se a minha hipótese de autoria no cap. I desta minha edição da *Carta* de Caminha.

APÊNDICE 2

BRASIL, BRASIS, BRASÍLIA
ENSAIO DE COMPREENSÃO DA EVOLUÇÃO CULTURAL DO BRASIL, A PARTIR DA CARTA DE PERO VAZ DE CAMINHA

> *Entre coisas e palavras – principalmente entre palavras – circulamos.*
> Carlos Drummond de Andrade

O PORTO E A CARTA: REVELAÇÕES

"Porém a terra em si é de muito bons ares, assim frios e temperados como os de Entre Douro e Minho, porque neste tempo de agora os achávamos como os de lá. As águas são muitas e infindas. E em tal maneira é grandiosa que, querendo aproveitá-la, tudo dará nela, por causa das águas que tem."[1]

A revelação do Brasil pela Carta de Pero Vaz de Caminha cria todo o roteiro de magia para a nova terra. As palavras do escrivão português revelam como que um futuro incondicional para a realidade brasileira: a tomada de consciência através da palavra. Principalmente através da palavra escrita.

A palavra de Pero Vaz de Caminha se comunica magicamente e transmite um sentimento de realismo. A terra é cheia de graça e a consciência naturalista nasce a partir do gozo de seus ares e águas.[2] É uma visão do paraíso, onde não importa se em verdade exista ouro ou prata ou pedras preciosas. Já a felicidade simples dos sentidos esclarece aos homens que o paraíso existe. E que nele tudo será possível.[3]

O homem, através das palavras de Pero Vaz, toma conhecimento da tanto desejada novidade: a existência de um novo mundo. Concreto. Imediato. Rico de cores, calor, árvores, frutos, pássaros, cantos, frescura.[4] A terra é ampla, imensa na linha do horizonte. Nela a vista penetra nos arvoredos por léguas e léguas. O céu é limpo, os portos, seguros. Neles as naves encontrarão boa pousada. Tantas as palmeiras, porém não muito grandes, que darão um doce palmito para a fome dos homens.[5] E outras árvores darão frutos surpreendentes. As águas são ricas de peixes e a caça é fácil e alegre.[6]

A gente que vive nesta terra é graciosa como a mesma terra. De ânimo gentil, são espontâneos em cada gesto, dadivosos e capazes de entusiasmo para com a menor coisa. Em contato de pele com a terra rica de luz, calor, cores, a gente vive na visão cotidiana do paraíso. Inocente como os animais livres.

Os homens são fortes; as mulheres, belas e inocentes: "Ali andavam entre eles três ou quatro moças, muito novas e muito gentis, com cabelos muito pretos e compridos pelas espáduas, e suas vergonhas tão altas, tão cerradinhas e tão limpas das cabeleiras que, de as muito bem olharmos, não tínhamos nenhuma vergonha".[7]

A gente é cheia de alegria. Cantam e dançam no paraíso, em expressões de vitalismo. Homens e mulheres cantam poemas de guerra, de amor, de caças, de jogos. O coro entoa a cantilena e as vozes imitam os tantos animais livres que vivem nas florestas.[8] Canto e dança existem sempre e os homens são felizes no paraíso de árvores, frutos, ares, águas. "...os seus corpos são tão limpos e tão gordos e tão formosos como mais não pode ser."[9] "...certamente esta gente é boa e de boa simplicidade".[10]

A consciência naturalista que encontramos na Carta de Pero Vaz de Caminha informará os primeiros tempos do Brasil. A terra permanecerá em paz por alguns anos. Os colonizadores são em poucos. Outros territórios na Ásia e na África obrigam e retêm o afano imperialista. A mesma serenidade transmitida por Pero Vaz continuará no Porto Seguro por alguns anos. A gente de ânimo gentil e coração alegre, "boa e simples", poderá expandir-se em confraternizações com os poucos portugueses. Aquelas moças frescas e amáveis serão amadas. A visão do paraíso por enquanto não sofre nenhum transtorno. Assim, numa primeira fase amorosa, o naturalismo prevalece em todos.

Logo depois o espírito da palavra de Pero Vaz de Caminha começa a perder-se. Para a conservação das riquezas ameaçadas, os portugueses mudam de número e de natureza. Já não mais a serena amorável relação. Mas, a tomada do poder. Tudo contra a gentileza de ânimo da gente e da terra.[11]

O paraíso modifica-se lentamente. Modifica-se a vida. O claro imediato sentido da existência se vê superado pela convicção colonizadora e imperialista. Até mesmo o colonizador – antes ingenuamente feliz – perde a visão do paraíso. Os homens gentis são brutalizados. As palavras do escrivão do Porto Seguro são esquecidas, e o espírito de alegria não voa mais sobre homens e coisas. Tudo agora é guerra e com ela são esquecidos aqueles primeiros sentimentos vividos nas praias do paraíso revelado. A partir de então – e por muito tempo – para sentimentos, raízes, caracteres, faltarão as palavras. Será um longo tempo de penumbra, a noite brasileira, quando brancos, pretos, amarelos e vermelhos se confundem na comoção de um plasma ainda inominado: que hoje é a expulsão dos indígenas para longes terras ou morte deles; amanhã, a entrada do navio negreiro com a doçura do africano que chega para ser consumido na violência do trabalho sem dignidade; mais adiante, a solidão dos homens nas terras sem-fins, com a perda da consciência do mundo. Fuga, escravidão, silêncio, solidão ecoam naquela humanidade que existe e não se conhece. Sem palavras que possam revelá-la.

Sentimentos e terras sem palavras

O início do processo colonizador do Brasil por parte de Portugal abre o grande capítulo da criação da cultura nacional brasileira emancipada. Por paradoxal que pareça, será com o começo do processo político de desfrute da terra e sufocação dos elementos humanos não brancos que começará a demarcação diferencial entre as culturas portuguesa e brasileira.[12] Os primeiros atos imperialistas contra os indígenas colocam num limbo aquelas raízes, aqueles sentimentos e caracteres gerais que a Carta de Caminha revelava e que nos primeiros anos paradisíacos já se alargavam para um primeiro plano de clara comunicação entre autóctones e conquistadores. Com o início do processo desumano do trabalho escravo negro, outras raízes se introduzem neste limbo. Desde então, ao lado da força imperialista vicejará brandamente uma série de valores culturais. Valores que não encontrarão palavras que os possam traduzir, mas que resistirão subterraneamente contra a violência da cultura colonizadora.

Família Tupinambá (Jean de Léry, 1578).

No início falta até mesmo a língua. O português minoritário se defronta com o vigor das muitas línguas indígenas e dos milhões de falantes. A confusão linguística sufoca o português no primeiro momento da vida colonial. Já não mais pode circular o doce falar da Corte. Este se desagrega diante da força concreta das falas locais. Desaparece então o falar puro e se cria o falar impuro. A gente, toda a gente, vive o falar impuro. Com a paulatina destruição material da cultura indígena – pela miscigenação quase unilateral do macho branco com a fêmea indígena, pouco a pouco o falar puro reentra na sua primeira forma. Porém, o outro elemento dissociador, de uma parte, e aglutinante, de outra, o negro, impede definitivamente o retorno ao falar inicial. Nasce, assim, desordenadamente, a maravilha de uma síntese linguística. Um falar novo. Nele repousam elementos do português, do indígena e do negro.[13]

A nova língua portuguesa, agora gerada, se volta naturalmente para os valores que por quase dois séculos permaneceram sufocados no diálogo violento entre o português colonizador e a nova terra. São aqueles valores de gentileza, universalidade, bondade, simplicidade, vitalismo, sentido naturalista da existência que se encontram em Pero Vaz de Caminha. Mas a nova fala não consegue ainda nomear tais valores. A força corruptora da ação imperialista colonizadora impede e sufoca sempre. No novo plasma – que se faz lentamente consciência nacional autônoma – não mais atua o indígena, neutralizado pela política de miscigenação e de neutralização cultural. Contudo, encontra-se sempre presente o elemento negro, contribuindo com seu sangue no trabalho indigno, criando com seu sacrifício físico uma estrutura econômica que se expande sempre. Com uma tal posição de martírio social, paradoxalmente, o negro se vinga contra o poder que o escraviza ao condicionar substancialmente a cultura nascente.[14] Desde então a nova fala se impregna de todos esses dados e principia sua tarefa de nomeação de sentimentos, seres e coisas.

Quando no século XVIII aparecem os primeiros gestos de rebelião contra o colonialismo, eles nascem através da proclamação escrita da nova fala. As aspirações políticas brasileiras deste século de inovação são expressões objetivas principalmente de poetas e intelectuais.[15]

Com esses poetas e intelectuais se anuncia aquela nota que caracterizará o próximo futuro nacional: o conceito de brasilidade. Já nos seus primeiros momentos nasce dialeticamente: brasilidade porque em oposição ao europeísmo colonizador. O processo dialético é imediato porque resultante de pesquisa tipicamente linguística, de uma nova literatura. Que cedo projetará uma nova cultura.[16]

Porém, a força do elemento português colonizador prepondera sempre porque essa pesquisa dialética interessa apenas a poucos indivíduos. É caracteristicamente aristocrática. A grande massa de brasileiros – aquele plasma ainda inominado – continua no exílio de solidão e silêncio da terra imensa.

Essa massa exilada pouco conta. Penetra no incipiente quadro cultural nascente apenas como força motriz. No entanto, sempre instrumentalizada pelo agente imperialista colonizador. A massa de brasileiros solitários vive séculos de opressão no seu paraíso desconhecido.[17]

Será a massa opressa que, com a força incontida de sua ação criadora de riqueza, oferecerá à aristocrática minoria brasileira esclarecida a possibilidade de expulsar definitivamente o imperialismo colonizador.

Por um momento se imagina que o paraíso perdido fora recuperado. Agora seria possível aplicar a força expressiva da fala nova nacional, dando palavras àqueles valores submersos por séculos. Sentimentos, caracteres, raízes poderiam ser nomeados. A palavra escrita se projetaria na vida para reescrever a Carta de Pero Vaz de Caminha. O paraíso tornaria a ser uma visão constante e aberta.

Nada se concretiza porque a minoria vencedora não conhece verdadeiramente a natureza da maioria que lhe permitira a tomada do poder. A massa solitária continua no seu exílio. Os novos senhores logo estabelecem os termos da antiga equação.[18] Surge um novo tipo de imperialismo. Agora mais violento e interminável porque já não existe, visível, o elemento estrangeiro corruptor. A partir de então a minoria se confunde com o poder absoluto e perde a primitiva consciência de palavra. Raízes, sentimentos, caracteres retornam à noite da vida brasileira. Nos silêncios e solidões da terra ainda inominada, a massa sofre a constante perda das coisas e a desesperada impossibilidade da uma verdadeira existência.

Porém, neste processo de absurdos e paradoxos, a brasilidade adquirida pela fala nacional nova retoma vida. É ainda uma insignificante minoria, sem poder e força, que grita. O grito é pouco em meio à prepotência do verdadeiro poder. Mas sempre grita. O grito se faz voz e afirma a autonomia da realidade brasileira. Sempre através da língua escrita. E grita mais alto. Mas os ouvidos se fecham. Obstinam-se contra o grito de modernidade e se apegam à reação passadista. Os brasileiros vivem a dualidade de duas culturas em pleno século XIX:

uma, oficial, absolutista, feita de valores estranhos ao sentimento nacional, embebida de formalismos e convencionalismos, divorciada da realidade da terra e da gente.[19] A outra, minoritária, que procura a afirmação daqueles caracteres e daquelas raízes e daqueles sentimentos que permitam o nascimento da consciência nacional e de sua afirmação. Vence, porém, o reacionarismo convencional. A consciência nacional, possível geradora da verdadeira cultura brasileira, se vê sufocada pela mediocridade das instituições oficiais.

Serão ainda os poetas e os intelectuais isolados que preservarão os resíduos de uma incipiente cultura nacional. Através da afirmação do espírito brasileiro, em oposição ao europeísmo convencional de importação, esses poetas e intelectuais conseguem manter até o final do século a base de uma possível afirmação cultural revolucionária.[20]

A segunda parte do século assiste ao surgimento de dois movimentos que acentuam esta tendência: o Positivismo, no plano sociopolítico, e o Simbolismo, em poesia. São duas forças contrárias, porém, ambas revolucionárias. Por aquela, o homem brasileiro toma conhecimento de uma concreta realidade sociológica e dela tenta a reestruturação da vida social. Pela segunda, a poesia se emancipa de parnasianismos e formalismos, atinge a expressão realmente criadora e projeta perspectivas para toda e qualquer invenção.[21]

A REVOLUÇÃO E A PALAVRA

Enquanto o Positivismo serviu para transformar a estrutura sociopolítica do Brasil, chegando à revolução republicana em 1889, o Simbolismo, principalmente com a obra de Cruz e Sousa, conseguiu superar o formalismo poético que o Parnasianismo soubera estabelecer na atividade cultural brasileira. Embora pouco amplo no tempo, o movimento simbolista representa para a vida do Brasil uma tomada nova, radical. Ainda que muito subterraneamente, opõe à mentalidade parnasiana a consciência da modernidade poética. O fato se produz lentamente. Enquanto vive Cruz e Sousa, a intensidade de ação do movimento se faz sentir. Morto o poeta de *Missat,* o Parnasianismo pode tomar o poder em definitivo. A preponderância do espírito parnasiano será total então. Seus princípios e regras penetrarão por todo o país. Será igualmente a preponderância do espírito de mediocridade e da realidade absoluta de uma subliteratura. A inamovível concepção da forma parnasiana conduzirá a literatura brasileira, nas suas manifestações mais gerais, a um estado de mediocridade dificilmente encontrável em outras épocas ou países. O Parnasianismo – superada a presença poética dos melhores representantes: Olavo Bilac, Raimundo Correia e Alberto de Oliveira – será aquela multidão de poetas estaduais e municipais que condicionará, com a pobreza da poesia dali derivada, o gosto médio do brasileiro. Desta forma o século XIX entra maciço no século XX, impedindo qualquer invenção poética. Principalmente naquelas terras brasileiras mais isoladas.[22]

Contra a mediocridade do espírito parnasiano projetado por todo o Brasil, se opõe a atividade simbolista. Esta representa uma oposição à herança oitocentista e o desejo de conquista de determinada mentalidade poética, inédita e inovadora. O movimento revolucionário se defronta com a estratificação da mentalidade parnasiana. Assim, se tenta o salto de gosto artístico. Todavia, por muitos anos a herança parnasiana lidera sempre a vida cultural brasileira. O Simbolismo não consegue mais que aqueles extraordinários resultados de projeção de um novo poema, bem como a transformação de mentalidade artística limitada a um pequeno grupo de brasileiros. Porém, ainda que não conseguindo banir o formalismo parnasiano e a correspondente permanência do espírito oitocentista na cultura nacional, o movimento soube preparar uma atmosfera de revolução.[23]

Serão alguns jovens escritores de São Paulo e do Rio de Janeiro que recolherão a herança simbolista, a partir de 1912, dando início a um processo de modernização da inteligência jovem brasileira, e do respectivo comportamento sociocultural.

Enquanto em São Paulo a modernidade proposta será recolhida através dos movimentos vanguardistas europeus, no Rio de Janeiro um novo espírito se plasma diretamente da lição do Simbolismo brasileiro. Neste sentido a poesia de Manuel Bandeira e a prosa de Adelido Magalhães se apresentam cedo como modelos de espírito revolucionário.

Os jovens escritores cariocas criarão até 1920 uma atividade artística que se caracterizará pela continuidade estrutural com as propostas simbolistas do final do século XIX. Será portanto uma modernidade continuativa e serena.

Em São Paulo se verifica um fenômeno de natureza diversa. A partir de 1912, o espírito dos movimentos das vanguardas artísticas europeias é difundido e estudado, especialmente por mérito do jovem Oswald de Andrade. A primeira lição vem do Futurismo, como era natural. O espírito marinetiano, revolucionário e moderno, encontra eco nas indagações dos jovens de

São Paulo. A linha incendiária do manifesto futurista de 1909, bem como daqueles que lhe seguiram, empolga os escritores paulistas de vanguarda. Daí, um primeiro momento futurista em terras brasileiras. Logo depois, o mais claro radicalismo do Dadaísmo completará a formação revolucionária de São Paulo.

A união entre os espíritos modernos vigentes no Rio de Janeiro e em São Paulo encontra inicialmente dificuldades para uma realização global. Isto porque, em oposição à serenidade continuativa do processo simbolista nos vanguardistas do Rio de Janeiro, a primeira linha paulista extravasa o processo radical do Futurismo e do Dadaísmo. É por esta razão que nos primeiros tempos o ativismo teórico dos jovens da então pauliceia desvairada entra em choque com o aparente conservadorismo cultural dos jovens escritores cariocas.

Será somente a visão de uma vanguarda artística comum, verdadeiramente brasileira, que unirá os dois centros. É o Modernismo, síntese nacional da modernidade proposta pelo Simbolismo e do ativismo revolucionário projetado pelo Futurismo e pelo Dadaísmo, que unificará a nova geração artística brasileira. Com ele, finalmente, uma minoria enceta a batalha pela superação da retrógrada mentalidade cultural oitocentista vigente no Brasil. Ao mesmo tempo, o movimento revolucionário partirá cedo para a tentativa de implantação de uma nova cultura e de um novo gosto artístico.

A partir de 1922, com a "Semana de Arte Moderna", o país se vê incomodado por uma ação modernista que, sem qualquer piedade, luta pela transformação da vida nacional.[24]

A luta se faz a partir de um limitado campo literário, passando por um setor artístico geral, para atingir o plano universal na realidade sociopolítica do Brasil.

O grande ideal dos movimentos de vanguarda artística, das chamadas vanguardas históricas, foi sempre aquele de não limitar-se ao simples plano estético, mas fazer-se revolução sociocultural. Já o Futurismo, que começara revolucionário e positivamente ativo, apenas superadas as primeiras conquistas nos seus dez anos iniciais, decai na contraditória união com o Fascismo de Mussolini.[25] E logo depois se nega como movimento de liberação. O Dadaísmo, radical na sua estrutura de força revolucionária da razão negativa, cedo desaparece, apenas saturado o processo dialético de oposição ao mundo burguês.[26]

Quando o Modernismo começa a sua campanha ativa em 1922, o faz tendo como metas uma nova cultura brasileira e uma diversa realidade sociopolítica e cultural para o país. Para consegui-las creem na necessidade sociocultural brasileira através daqueles valores já encontráveis na Carta de Pero Vaz de Caminha e esquecidos pela expressão reacionária da vigente cultura retrógada em todos os setores da sociedade brasileira. O trabalho do movimento será aquele de criar um nome para cada um daqueles valores; nomear as raízes, os sentimentos, os caracteres sufocados. Será o trabalho de criação de uma expressão moderna. De uma língua. Depois, através da língua criada, virá a proclamação da verdadeira e revolucionária realidade brasileira.

"A língua sem arcaísmos, sem erudição. Natural e neológica. A contribuição milionária de todos os erros. Como falamos. Como somos."[27]

"Antes dos portugueses descobrirem o Brasil, o Brasil tinha descoberto a felicidade. [...] A alegria é a prova dos nove".[28]

Começa em 1922 o longo processo revolucionário. A poesia de um Manuel Bandeira ou de um Oswald de Andrade se opõe às convicções poéticas de um Olavo Bilac ou de um Alberto de Oliveira. O novo poema procura a liberdade inventiva na criação de ritmos livres. E traduz tal liberdade tomando para si o direito de toda e qualquer expressão lírica.[29]

"Enfunando os papos,
Saem da penumbra,
Aos pulos, os sapos.
A luz os deslumbra.

Em ronco que aterra,
Berra o sapo-boi:
– "Meu pai foi à guerra!"
– "Não foi!" – "Foi!" – "Não foi!".

O sapo-tanoeiro,
Parnasiano aguado,
Diz – "Meu cancioneiro
É! bem martelado.

Vede como primo
Em comer os hiatos!
Que arte! E nunca rimo
Os termos cognatos.

O meu verso é bom
Frumento sem joio.
Faços rimas com
Consoantes de apoio.

Vai por cinquenta anos
Que lhes dei a norma:
Reduzi sem danos
A formas a forma.

Clame a saparia
Em críticas céticas:
Não há mais poesia,
Mas há artes poéticas..."

Urra o sapo-boi:
– "Meu pai foi rei" – "Foi!"
– "Não foi!" – "Foi!" – "Não foi!".

Brada em um assomo
O sapo tanoeiro:
"A grande arte é como
Lavor de joalheiro:

Ou bem de estatuário.
Tudo quanto é belo,
Tudo quanto é vário,
Canta no martelo."

Outros, sapos-pipas
(Um mal em si cabe),
Falam pelas tripas:
– "Sei!" – "Não sabe!" – "Sabe!".

Longe desta grita,
Lá onde mais densa
A noite infinita
Verte a sombra imensa;

Lá, fugido ao mundo,
Sem glória, sem fé,
No perau profundo
E solitário, é

Que soluças tu
Transido de frio,
Sapo-cururu
Da beira do rio..."[30]

"Dê-me um cigarro
Diz a gramática
Do professor e do aluno
E do mulato sabido
Mas o bom negro e o bom branco
Da Nação Brasileira
Dizem todos os dias
Deixe disso camarada
Me dá um cigarro".[31]

A pesquisa por parte do Modernismo da expressão livre em poesia não aspira somente à conquista de novas técnicas poéticas. Quer muito mais. No escandaloso ato de opor-se aos hábitos do gosto antigo brasileiro, procura revolucionar este mesmo gosto. A exteriorização acintosa do poema modernista desta primeira fase tem como finalidade principal um resultado mais ético que estético. Ofendendo o gosto tradicional procura a modernização das sensibilidades. A língua poética se faz violenta e impiedosa. Ofensiva.

A prosa acompanha o processo de pesquisa linguística do poema. Adelino Magalhães, Mário de Andrade, Oswald de Andrade escrevem uma língua que, além da expressão estética, persegue um endereço revolucionário. É a língua nova que finalmente usa a riqueza lexical do ambiente e não teme a ação das palavras mais cotidianas. Os contos fantásticos de Adelino Magalhães, as aventuras absurdas e reais de *Macunaíma,* as invenções expressivas de *Memórias Sentimentais de João Miramar* contrastam violentamente com a prosa retórica dos autores antimodernistas. Nasce, desta maneira, uma tensão social, onde o moderno se bate frontalmente contra a tradição conservadora. É a tensão revolucionária que os modernistas planejavam para reconduzir o Brasil às suas melhores raízes e, ao mesmo tempo, criar uma cultura renovada.

Principalmente com a realidade linguística de *Macunaíma* o processo modernista se esclarece. Desde então o brasileiro tem um modelo para a expressão da prosa nacional. Com a obra-prima de Mário de Andrade a língua literária brasileira estrutura as normas da correspondente língua nacional e com esta pode opor-se totalmente à antiga cultura retrógrada.[32]

No final da década 1920-30 o balanço da revolução modernista revelava que um gosto literário novo já não era tão somente a expressão da sensibilidade de uma minoria, mas ocupava um vasto espaço, influenciando grandes setores da vida nacional. Com a revolução literária e artística modifica-se igualmente a expressão da pintura, da escultura, da música; e um novo espírito no setor da arquitetura inicia uma longa trajetória.[33]

Depois de ampliar-se no terreno especificamente artístico-cultural, a revolução modernista aspira concretizar-se igualmente como revolução sociopolítica. Projeta-se em direção da conquista do poder político para, assim, empenhar-se na construção de uma estrutura cultural moderna. Com a revolução liberal de 1930 e a correspondente transformação política do Brasil, o fato se verifica. Será o mesmo líder político revolucionário vitorioso que mais tarde afirmará: "As forças coletivas que provocaram o movimento revolucionário do Modernismo na literatura brasileira, que se iniciou com a Semana de Arte Moderna de 1922, em São Paulo, foram as mesmas que precipitaram, no campo social e político, a revolução de 1930".[34]

A participação ativa de escritores modernistas na vida política do Brasil, de 1930 a 1945, faz com que a vanguarda brasileira atinja aquela meta desejada por todas as vanguardas históricas, mas jamais cumprida por nenhuma delas: além do plano estético-cultural, influenciar a estruturação sociopolítica da sua nação. Isto é, atingir além da revolução estética aquela ética.[35]

O Modernismo é portanto o único movimento de vanguarda no mundo ocidental que conseguiu chegar à realização política. Como resultado imediato dessa participação do Modernismo na política do Estado, o gosto modernista se oficializa. A melhor prova de uma tal conquista é a arquitetura brasileira. A partir de 1937 a arquitetura oficial do Estado brasileiro é a arquitetura moderna.[36] Este fato revolucionário encontra sua expressão radical na criação de Brasília. Diante desta realidade aparentemente paradoxal – o Estado que elege a cultura revolucionária moderna como expressão oficial – a ação inovadora do Modernismo se completa e se faz irreversível.

Pode-se concluir que a realidade traduzida por Brasília é realidade da amadurecida revolução de linguagem proposta pelo Modernismo. Com ela o sentimento brasileiro se estrutura estavelmente e se fixa como cultura concreta. Já não mais se pode submergir num processo reacionário aqueles valores universais que o escrivão português, maravilhado, revela na sua Carta:

"Porém a terra em si é de muito bons ares, assim frios e temperados como os de Entre Douro e Minho, porque neste tempo de agora os achávamos como os de lá.

As águas são muitas e infindas. E em tal maneira é graciosa que, querendo aproveitá-la, tudo dará nela, por causa das águas que tem." [.....] "... certamente esta gente é boa e de boa simplicidade"[37].

(Este ensaio foi publicado anteriormente no volume coletivo em homenagem ao prof. Giuseppe Bellini, Studi di Litteratura Ibero-Americana, *Bulzoni, Roma, 1984, p. 47-61.)*

Notas

1. As citações em linguagem moderna da Carta de Caminha, bem como as referências à leitura crítica do texto arcaico, são feitas a partir desta presente edição crítica, revista e aumentada em relação à primeira, *La Lettera di Pero Vaz de Caminha sulla scoperta del Brasile,* Un. di Padova, Pádua, 1984. Assim, o período citado corresponde ao seguinte texto original: "pero a terra em sy he de mujto boos aares asy frios e tenperados coma os de Antre Doiro e Minho porque neste tempo d'agora asy os achavamos coma os de la agoas sam mujtas jmfimdas. E em tal maneira he graciosa que querendoa aproveitar darsea neela tudo per bem das agoas que tem./"

2. O conceito de naturalismo aqui se refere à natureza, paisagem, que passa da dimensão objetiva a uma profunda dimensão psicocultural. O conceito de naturalismo, neste sentido, se faz essencial para a compreensão do homem brasileiro na sua estrutura cultural e no seu comportamento como identidade psicológica nacional. Veja-se, neste sentido, Carlos Guilherme Mota, *Ideologia da Cultura Brasileira.*Ática, São Paulo, 1974; e Dante Moreira Leite, *O Caráter Brasileiro, História de uma ideologia.* Pioneira, São Paulo, 1969.

3. O mito do "paraíso perdido" assume uma grande importância cultural na época dos descobrimentos marítimos dentro da nova perspectiva do "paraíso recuperado". As aventuras dos descobrimentos encontravam sólida base de motivação no encontro feliz do "paraíso". Ver Sérgio Buarque de Hollanda, *Visão do Paraíso,* José Olympio, Rio de Janeiro, 1959.

4. O mito do "novo mundo" nasce com o grande movimento de aventura dos descobrimentos marítimos como máximo processo dialético do "Humanismo" contra a cultura medieval. Em oposição ao "velho mundo" corrompido, sede do pecado e dos valores mais decadentes, em oposição à "Europa", o novo homem ocidental cria o conceito de "novo mundo". É o lugar ideal, onde o homem reencontra a sua perdida juventude e primitiva pureza.

5. Sílvio Castro, ob. cit., 3.1: " / ao longo dela ha mujtas nõ muito altas em que ha muito boos palmjtos.".

6. A riqueza da nova terra brasileira, a beleza de suas árvores, de seus pássaros, a bondade da terra e a fresca pureza do ar, a fauna e flora, tudo isso será matéria da rica produção de cronistas e viajantes que por todos os séculos XVI e XVII se interessam em revelar as maravilhas da terra do Brasil ao mundo. Em modo particular, ver Gabriel Soares de Sousa, *Tratado Descritivo do Brasil em 1587,* 4ª ed., Cia. Ed. Nacional e Ed. da USP, São Paulo, 1971; Pero de Magalhães Gandavo. *Tratado da Província do Brasil,* (ed. de Emanuel Pereira Filho) INL, Rio de Janeiro, 1965; Ambrósio Fernandes Brandão, *Diálogos das Grandezas do Brasil,* 1ª ed. integral, segundo o texto apógrafo de Leiden, por José Antônio Gonçalves de Melo, Imprensa Universitária. Recife, 1966; Hans Staden, *Viagens e cativeiro entre os selvagens do Brasil,* São Paulo, 1970; Jean de Léry, *Viagens à Terra do Brasil,* (trad. e notas de Sérgio Milliet; bibliografia de Paul Gaffarel; colóquio na língua brasílica e notas tupinológicas de Plínio Ayrosa), Itatiaia-USP, Belo Horizonte-São Paulo, 1980; Simão de Vasconcelos, *Crônica da Companhia de Jesus, 2 vv.,* 3ª ed. (introd. de Serafim Leite), Vozes-INL, Petrópolis-Rio de Janeiro, 1977.

Sobre Jean de Léry e Simão de Vasconcelos, ver Sílvio Castro, "Jean de Léry e Pero Vaz de Caminha", in *Actas do Congresso Internacional "Os Descobrimentos Marítimos Portugueses e a Renascença Europeia",* Lisboa, 1983; S. Castro, *As notícias curiosas e necessárias das cousas do Brasil,* de Simão de Vasconcelos, *Studi di letteratura ispano-americana,* n. 1516, Cisalpino-Goliardica, Milão, 1983.

7. " / aly amdavam antre eles tres ou quatro moças bem moças e bem jentijs com cabelos mujto pretos compridos pelas espadoas e suas vergonhas tam altas e tã çaradinhas e tam limpas das cabeleiras que de as nos mujto olharmos nõ tynhamos nhuua vergonha". Sílvio Castro, *idem, ibidem, 3.1*.

8. "Os índigenas tinham um gênero de poesia que lhes servia para o canto; os seus poetas, prezados até pelos inimigos, eram os mesmos músicos ou cantores, que em geral tinham boas vozes, mas eram demasiadamente monótonos: improvisavam notas com voltas, acabando estas na consoante dos mesmos motes. O improvisador ou improvisadora garganteava a cantiga, e os mais respondiam com o fim do mote, bailando ao mesmo tempo, e no mesmo lugar em roda, ao som de tamboris e maracas. O assunto das cantigas era em geral as façanhas de seus antepassados; e arremedavam pássaros, cobras e outros animais, trovando tudo, por comparações etc." Francisco Adolfo Varnhagem, *Ensaio Histórico sobre as letras no Brasil,* (Introdução), in *Caminhos do pensamento crítico,* dir. de A. Coutinho, 2 vols., Americana, Rio de Janeiro, 1974 (vol. 1, p. 295).

9. Sílvio Castro, ob. cit., *idem, ibidem, 3.1:* " / porque os corpos seus sam tam limpos e tam gordos e tam fremosos que nõ pode mais seer".

10. *idem, ibidem:* " / porque certo esta jente he boa e de boa sijnprezidade".

11. Este é o momento histórico-cultural de passagem do primeiro espírito de maravilha e otimismo das relações entre portugueses e indígenas – espírito

fortemente traduzido nas palavras da Carta de Caminha – e o sucessivo momento agressivo da política de colonização, quando o índio, o "bom selvagem" do primeiro momento se transforma em seres bestiais. Esta nova psicologia do homem colonizador pode ser encontrada, ainda junto ao elogio da terra e suas riquezas naturais, em Simão de Vasconcelos, (1597-1671), *Crônica da Companhia de Jesus,* edição citada.

12. A atividade colonizadora portuguesa no Brasil tem muito de antecipação de tempos. Neste sentido, cf. Celso Furtado, *Formação Econômica do Brasil,* Rio de Janeiro, 1959, p. 17: "Demais, era fácil imaginar os enormes custos que não teria de enfrentar uma empresa agrícola nas distantes terras da América. É fato universalmente reconhecido que aos portugueses coube a primazia no empreendimento dessa empresa. Se seus esforços não tivessem sido coroados de êxito, a defesa das terras do Brasil ter-se-ia transformado em ônus demasiado grande e – excluída a hipótese de antecipação na descoberta do ouro – dificilmente Portugal teria perdurado como grande potência colonial na América".

13. No campo do português do Brasil, devemos sempre recordar a contribuição de Serafim da Silva Neto, profícua nos resultados concretizados antes da prematura morte do Mestre e excepcional nas provocações e sugestões abertas para os futuros estudiosos de filologia e linguística. Neste setor, ver a contribuição científica de Sílvio Elia, Celso Cunha, Gladstone Chaves de Melo, José Ariel Castro.

14. Quanto à contribuição do elemento negro na vida cultural brasileira, ver Gilberto Freire, *Casa Grande*

& Senzala, 2 vols., 9ª ed., José Olympio, Rio de Janeiro, 1958; Florestan Fernandes, *A integração do negro na sociedade de classes,* 2 vols., Dominus. São Paulo, 1965; Otávio Ianni, *Raças e classes sociais no Brasil,* 2ª ed., Ed. Civilização Brasileira, Rio de Janeiro, 1972.

15. Entre os intelectuais brasileiros e portugueses-brasileiros que traduzem as inquietações do nosso setecentismo, Cláudio Manuel da Costa deve ser colocado em primeiro plano, seja pelo significado expressivo de seu lirismo poético, seja pelos dados específicos de sua biografia. Em Cláudio Manuel da Costa encontro em maneira exemplar o grande conflito do intelectual brasileiro angustiado pelo conflito resultante entre a íntima cultura que lhe vem no tempo das raízes europeias e a necessária assunção da nova expressão cultural nacional.

16. O conceito inicial de brasilidade, definido com a independência política a partir de 1822, se ampliará no sentido de nacionalidade, então ainda algo evanescente. Com o Romantismo, este conceito tomará um vigor ativo que conduzirá a inteligência brasileira a uma ação criadora profundamente positiva. O sentido romântico de nacionalidade amadurecerá com a nova consciência realista da literatura brasileira da segunda parte do século XIX. Gonçalves de Magalhães, Nunes Ribeiro, Gonçalves Dias, Varnhagem, serão as melhores vozes neste sentido no momento romântico; José de Alencar, tocado profundamente pelo problema da língua nacional, será a ponte que permitirá o surgimento da crítica realista principalmente com Machado de Assis e Sílvio Romero.

17. Será este estado de coisas que provocará no historiador francês Luís Couty a célebre frase: "Le Brésil n'a pas de peuple". L. Couty, *L'Esclavage au Brésil*, 1881 (*apud* Caio Prado Júnior, *Formação do Brasil contemporâneo*, 7ª ed., São Paulo, 1963, p. 288.) Em relação ao processo de formação global da cultura e da inteligência brasileira, ver Wilson Martins, *História da Inteligência Brasileira*, 7 vols., Cultrix-Ed. USP, São Paulo, 1977-78.

18. "Contudo, do ponto de vista de sua estrutura econômica, o Brasil da metade do século XIX não diferia muito do que fora nos três séculos anteriores. A estrutura econômica, baseada principalmente no trabalho escravo, se mantivera imutável nas etapas de expansão e decadência. A ausência imutável nas etapas de expansão e dessa imutabilidade é responsável pelo atraso relativo da industrialização". Celso Furtado, ob. cit., p. 52. Para a compreensão do processo de formação histórica do Brasil em relação às suas diversas raízes, ver José Honório Rodrigues, *Independência: Revolução e Contra-Revolução*, 5 vols., Francisco Alves, Rio de Janeiro, 1975.

19. Os reflexos dessa cultura convencional se notam principalmente nas artes visivas e na arquitetura. O gosto artístico brasileiro oitocentista não supera a mediocridade de uma arte imitativa, principalmente com a pintura. A arquitetura, ainda mais aquela oficial, é mesquinha nos seus resultados gerais, despojada de valores expressivos, mesmo em relação à tradição setecentista próxima no tempo.

20. Neste sentido os nomes exaltantes em maneira particular são os de Castro Alves, Sousândrade, Aluísio de Azevedo, Machado de Assis, Cruz e Sousa, Raul Pompeia.

21. Para a compreensão da importância do Positivismo na vida brasileira, principalmente para o nosso século XIX, ver Ivan Lins, *História do Positivismo no Brasil*, Cia. Ed. Nacional, São Paulo, 1964; J. Cruz Costa, *O Positivismo na República*, Cia. Ed. Nacional, São Paulo, 1956. O alargamento dos resultados sociais das filosofias positivas no ambiente brasileiro atingirá o máximo de modernidade com a introdução das ideias socialistas a partir das últimas décadas do século XIX. Para a análise da penetração das ideias socialistas no Brasil e sua importância político-cultural, em modo particular, v. Vamireh Chacon, *História das ideias socialistas no Brasil*, Civilização Brasileira, Rio de Janeiro, 1965; Roland Corbisier, *Formação e problema da cultura brasileira*, 2ª ed., ISEB, Rio de Janeiro, 1959. Em relação ao sentido revolucionário do Simbolismo internacional a bibliografia é copiosa. Ver, para a colocação do problema, Marcel Raymond, *De Baudelaire au Surréalisme*, Paris, 1933. Neste mesmo sentido, ver os meus livros *A Revolução da Palavra* (Origens e estrutura da literatura brasileira moderna), Vozes, Petrópolis, 1965; e *Teoria e Política do Modernismo Brasileiro*, Vozes, Petrópolis, 1979.

22. Esta questão crítico-cultural é a base central e tese do meu livro *A Revolução da Palavra*, ed. cit., bem como minha preocupação na realização dos volumes publicados do *Anuário da Literatura Brasileira*, 3 vols., Ed. ALB, 1960-63.

23. Neste sentido, os nomes que devem ser colocados em realce são os de Euclides da Cunha, Coelho Neto, Augusto dos Anjos.

24. Ver Sílvio Castro, "Significado da Semana de Arte Moderna", *Jornal de Letras*, Rio de Janeiro, junho de 1972.

25. Para boa compreensão do espírito teórico futurista, ver Marinetti, *Teoria e Invenzione Futurista*, ed. de Luciano De Maria, Mondadori, Milão, 1968. Para as relações entre Futurismo e Modernismo, ver Sílvio Castro, *Teoria e Política do Modernismo Brasileiro*, ed. cit., cap. 1.3.

26. No mesmo sentido da nota precedente, para o Dadaísmo: Tristan Tzara, *Manifesti del Dadaismo*, trad. it., Turim, 1964; Sílvio Castro, ob. cit., cap. 1.4.

27. "Manifesto da Poesia Pau-Brasil", por Oswald de Andrade, in Gilberto Mendonça Teles, *Vanguarda Europeia e Modernismo Brasileiro*, 4ª ed., Vozes, Petrópolis, 1977.

28. "Manifesto Antropófago", por Oswald de Andrade, 1 (1), maio, 1926. Igualmente em Gilberto Mendonça Teles, ob. cit.

29. Ver Sílvio Castro, *Teoria e Política do Modernismo Brasileiro*, ed. cit., cap. 1.6.

30. "Os Sapos", de Manuel Bandeira, in *Carnaval / Estrela da vida inteira*. 8ª ed., José Olympio, Rio de Janeiro, 1980.

31. "Pronominais", de Oswald de Andrade, in *Poesias Reunidas*, São Paulo, 1966, p. 114.

32. Sobre Adelino Magalhães, ver Sílvio Castro, *A Revolução da Palavra*, ed. cit., cap. 10. Sobre a questão da língua portuguesa e o Modernismo, e os possíveis resultados conseguidos e incorporados à tradição linguística, ver Luís Carlos Lessa, *O Modernismo brasileiro e a língua portuguesa*, Ed. FGV, Rio de Janeiro, 1966; Raimundo Barbadinho Neto, *Tendências e constantes da língua do Modernismo*, Acadêmica Rio de Janeiro, 1972; Sílvio Castro "Italiano e italianismos em António de Alcantara Machado", in *Letterature d'America*, Bulzoni, Roma, Ano II, n. 9-10, outono 1981.

33. Na pintura vão recordados Anita Malfatti, Tarsila do Amaral, Di Cavalcanti, Portinari; na escultura: Brecheret; na música, Villa-Lobos; na arquitetura o processo inicial tem mais um sentido de escola, inspirando-se em criadores como Le Corbusier. Ver Sílvio Castro, *Teoria e Política do Modernismo Brasileiro*, ed. cit., cap. 2.3 ("A integração das artes").

34. Getúlio Vargas, *O Governo Trabalhista no Brasil*, Rio de Janeiro, 1952, p. 282.

35. São muitos os nomes modernistas com participação na política: António de Alcântara Machado, Menotti del Picchia, Plínio Salgado, Mário de Andrade, Cassiano Ricardo etc.

36. Praticamente, este processo começa com a construção do palácio do "Ministério da Educação e Cultura", do Rio de Janeiro, sob o projeto inicial de Le

Corbusier. Mais adiante tem grande realce o espírito moderno do jovem prefeito de Belo Horizonte, Juscelino Kubitschek, que convida Oscar Niemayer e Lúcio Costa para com ele colaborar: surge então o complexo moderníssimo de Pampulhas. Brasília, síntese da convicção democrática do Brasil, é a grande soma desta relação excepcional entre governo esclarecido e operadores artísticos de vanguarda.

37. A grande síntese da evolução cultural brasileira, vista a partir das revoluções criadas pela palavra escrita, se encontra na poesia de Carlos Drummond de Andrade e na prosa de João Guimarães Rosa, prosa e poesia que se confundem num amplo sentido de uma cultura poética nacional, finalmente afirmada.

BIBLIOGRAFIA

Abreu, J. Capistrano de. "Vaz de Caminha e sua Carta", *in Revista do Instituto Histórico e Geográfico Brasileiro*, tomo LXXI, 2ª parte, p. 109-122, Rio de Janeiro, 1908. Depois igualmente in: *O Descobrimento do Brasil*, 2ª ed., Civilização Brasileira-MEC, Rio de Janeiro, 1976.

Academia de Ciências de Lisboa. *Coleção de Notícias para a História das Nações Ultramarinas, a Carta de Pero Vaz de Caminha a El-Rey D. Manuel sobre o Descobrimento da Terra de Santa Cruz, Vulgarmente Chamada Brasil*, vol. IV, Lisboa, 1926.

—— .*Pero Vaz de Caminha e a Carta do "Achamento" do Brasil*, ed. Academia de Ciências de Lisboa, Lisboa, 1934.

Arroyo, Leonardo. *Pero Vaz de Caminha-Carta a El-Rey D. Manuel*, Dominus, S. Paulo, 1963.

Baião, António. *Os Sete únicos documentos de 1500, conservados em Lisboa, referentes à viagem de Pedro Álvares Cabral*, Lisboa, 1940.

Barreto, Luís Filipe. *Descobrimento e Renascimento* (Formas de ser e pensar nos séculos XV e XVI), Imprensa Nacional-Casa da Moeda, Lisboa, 1983.

Braga, Rubem. *Pero Vaz de Caminha – Carta a El-Rey Dom Manuel*, Sabiá, Rio de Janeiro, 1968.

Biblioteca Internacional de Obras Raras. "Carta a El-Rey D. Manuel" (possivelmente uma leitura de João Ribeiro), vol. IX, Sociedade Internacional Ed., Lisboa-Rio de Janeiro, s. d. (1920).

Burns, E. Bradford (ed.). *A Documentary History of Brazil*, Nova York, 1966.

Calmon, Pedro. *História do Brasil*, vol. I, J. Olympio, Rio de Janeiro, 1959 (com o texto de Carolina Michaelis de Vasconcelos).

Carvalho, Margarida Barradas de. "L'idéologie religieuse dans la Carta de Pero Vaz de Caminha", *in Bulletin des Études Portugaises et de l'Institut Français du Portugal*, nouvelle série, tome vingt-deux, 1959-60.

—— "Pero Vaz de Caminha" in *Dicionário de História de Portugal*, (dir. de Joel Serrão), Figueirinha Porto, 1981.

Casal, Manuel Aires do. *Corografia Brazílica, ou Relação Histórico-Geográfica do Brasil*, Imprensa Régia, Rio de Janeiro, 1817. (Nuova edição: Itatiaia, Belo Horizonte, 1983.)

Castro, Sílvio. *La lettera sulla scoperta del Brasile di Pero Vaz de Caminha*, Università di Padova, Pádua, 1984.

—— "Pero Vaz de Caminha e Jean de Léry", in *Contributti alla genesi della idea di Brasile*, Università Padova, Pádua, 1985.

——. "Brasil, Brasis, Brasília (Ensaio de Compreensão de evolução cultural do Brasil, a partir da Carta de Pero Vaz de Caminha", in *Studi di Leteratura Ibero-americana* (offerti a G. Bellini), Bulzoni, Roma, 1984 (porém saído em 1985).

Cortesão, Jaime. *A Carta de Pero Vaz de Caminha*, 2ª ed., Portugália, Lisboa, 1967.

Denis, Ferdinand. *Journal des Voyages*, Paris, 1821 (primeira versão francesa do texto de Caminha).

——. *Scène de la Nature sous les Tropiques*, Paris, 1925.

Dias, Carlos Malheiros. "Semana de Vera Cruz", in *História da Colonização portuguesa no Brasil*, Litografia Nacional, Porto, 1921-23.

Dias, J. S. da Silva. *Os Descobrimentos e a problemática cultural do século XVI*, Editorial Presença, Lisboa, 1982.

D'Olfers, *Feliners Reisen Durch Brasilien* (primeira versão alemã do texto de Caminha), Berlim, 1828.

Greenlee, W. Brooks. *The Voyages of Pedro Álvares Cabral to Brasil and India*, Harkluy Society, II série LXXXI, Londres, 1838. trad. port. de António Álvaro Dóira, *A Viagem de Pedro Álvares Cabral ao Brasil e à Índia*, Porto, 1951.

Guedes, Mário Justo. *O Descobrimento do Brasil*, Rio de Janeiro, 1966.

Guerreiro, M. Viegas e Nunes, Eduardo. *Pero Vaz de Caminha – Carta a El-Rei D. Manuel*, Imprensa Nacional-Casa da Moeda, Lisboa, 1974.

Hemming, John. *Storia della conquista del Brasile* (trad. it.), Rizzoli, Milão, 1982.

Hollanda, Sérgio Buarque de. *Visão do Paraíso (Os motivos edênicos no Descobrimento e Colonização do Brasil)*, José Olympio, Rio de Janeiro, 1969.

———. *História Geral da Civilização Brasileira* (dir. de S. B. de Hollanda), *A Época colonial*, 1 tomo, 2 vv. (Ver 1º vol. *Do Descobrimento à expansão territorial*), Difusão Europeia do Livro, S. Paulo, 1963.

Instituto Geográfico e Histórico da Bahia. *Carta de Pero Vaz de Caminha*, ed. do Instituto, Salvador, 1900.

Leite, Duarte. *História dos Descobrimentos*, Cosmos, Lisboa, 1958.

Ley, Charles David. *Portuguese voyages 1498-1663*, Nova York, 1947.

Lisboa, João Francisco. *Jornal de Timon*, São Luiz do Maranhão, 1853 (com a primeira versão em linguagem moderna da Carta de Caminha). Nova edição: *Crônica do Brasil Colonial* (Apontamentos para a História do Maranhão); Vozes-INL, Petrópolis, 1976.

Martins, Wilson. *História da Inteligência Brasileira*, 7 vv., Cultrix-Ed da Univ. de S. Paulo, S. Paulo, 1977-78 (em particular o 1º vol.).

Nunes, Eduardo. Ver Guerreiro, M. V.

Pereira, Moacir Soares: "Capitães, Naus e Caravelas da Armada de Cabral", in *Revista da Universidade de Coimbra*, vol. XXVII, 1979, p. 31-134 (com separatas).

Pereira, Sílvio Batista. *Vocabulário da Carta de Pero Vaz de Caminha*, INL, Rio de Janeiro, 1964.

Peres, Damião. *História dos Descobrimentos Portugueses*, 2ª ed., Ed. do Autor, Coimbra, 1960.

Pinto, Manuel de Sousa. "A Carta de Pero Vaz de Caminha" in *Miscelânea de Estudos em Honra de D. Carolina Michaelis de Vasconcelos*, Imprensa da Universidade, Coimbra, 1930.

Poetzelburger, Hans-Andreas. "Die Literarische Bedentung des *Carta do Achamento do Brasil* des Pero Vaz de Caminha im Zusammenhang mit der Ideologie der Renaissance und des Humanismus". Tese de doutorado, Universidade de Hamburgo, 1953.

Prado, J. F. de Almeida. V. Silva, M. B. Nizza da. Ribeiro, João "A Carta de Pero Vaz de Caminha" in *O Fabordão*, 2ª ed., São José, Rio de Janeiro, 1964 (1ª ed., 1910). Este é o primeiro trabalho de natureza filológica sobre a Carta de Caminha.

Silva, Maria Beatriz Nizza da. *A Carta de Pero Vaz de Caminha*, Agir, Rio de Janeiro, 1965.

Sousa, Tomás Oscar Marcondes de. *O Descobrimento do Brasil*, Cia. Ed. Nacional, São Paulo, 1946.

Southey, Robert. *History of Brazil*, 3 vv., Londres, 1822 (2ª ed., vol. I).

Unali, Anna. La "*Carta do Achamento*" di Pero Vaz de Caminha, Cisalpino-Goliardica, Milão (saído em 1984 com data 1983). Trabalho de caráter histórico que apresenta a leitura paleográfica e o texto na versão moderna portuguesa da lição de Jaime Cortesão.

Varnhagem, Francisco Adolfo de. "A Carta de Pero Vaz de Caminha" in, *Revista do Instituto Histórico e Geográfico Brasileiro*, vol. XL, parte 2ª, Rio de Janeiro, 1877.

Vasconcelos, Carolina Michaelis de. "A Carta de Pero Vaz de Caminha" in, *História da Colonização Portuguesa no Brasil*, vol. II, Porto, 1923.

Viterbo, Souza. Pero Vaz de Caminha e a primeira narrativa do Descobrimento do Brasil, Tip. Universal, Lisboa, 1902.

Coleção L&PM POCKET (Lançamentos mais recentes)

912. **O escaravelho de ouro e outras histórias** – Edgar Allan Poe
913. **Piadas para sempre (4)** – Visconde da Casa Verde
914. **100 receitas de massas light** – Helena Tonetto
915.(19).**Oscar Wilde** – Daniel Salvatore Schiffer
916. **Uma breve história do mundo** – H. G. Wells
917. **A Casa do Penhasco** – Agatha Christie
919. **John M. Keynes** – Bernard Gazier
920.(20).**Virginia Woolf** – Alexandra Lemasson
921. **Peter e Wendy** *seguido de* **Peter Pan em Kensington Gardens** – J. M. Barrie
922. **Aline: numas de colegial (5)** – Adão Iturrusgarai
923. **Uma dose mortal** – Agatha Christie
924. **Os trabalhos de Hércules** – Agatha Christie
926. **Kant** – Roger Scruton
927. **A inocência do Padre Brown** – G.K. Chesterton
928. **Casa Velha** – Machado de Assis
929. **Marcas de nascença** – Nancy Huston
930. **Aulete de bolso**
931. **Hora Zero** – Agatha Christie
932. **Morte na Mesopotâmia** – Agatha Christie
934. **Nem te conto, João** – Dalton Trevisan
935. **As aventuras de Huckleberry Finn** – Mark Twain
936.(21).**Marilyn Monroe** – Anne Plantagenet
937. **China moderna** – Rana Mitter
938. **Dinossauros** – David Norman
939. **Louca por homem** – Claudia Tajes
940. **Amores de alto risco** – Walter Riso
941. **Jogo de damas** – David Coimbra
942. **Filha é filha** – Agatha Christie
943. **M ou N?** – Agatha Christie
945. **Bidu: diversão em dobro!** – Mauricio de Sousa
946. **Fogo** – Anaïs Nin
947. **Rum: diário de um jornalista bêbado** – Hunter Thompson
948. **Persuasão** – Jane Austen
949. **Lágrimas na chuva** – Sergio Faraco
950. **Mulheres** – Bukowski
951. **Um pressentimento funesto** – Agatha Christie
952. **Cartas na mesa** – Agatha Christie
954. **O lobo do mar** – Jack London
955. **Os gatos** – Patricia Highsmith
956.(22).**Jesus** – Christiane Rancé
957. **História da medicina** – William Bynum
958. **O Morro dos Ventos Uivantes** – Emily Brontë
959. **A filosofia na era trágica dos gregos** – Nietzsche
960. **Os treze problemas** – Agatha Christie
961. **A massagista japonesa** – Moacyr Scliar
963. **Humor do mierê** – Nani
964. **Todo o mundo tem dúvida, inclusive você** – Édison de Oliveira
965. **A dama do Bar Nevada** – Sergio Faraco
969. **O psicopata americano** – Bret Easton Ellis
970. **Ensaios de amor** – Alain de Botton
971. **O grande Gatsby** – F. Scott Fitzgerald
972. **Por que não sou cristão** – Bertrand Russell
973. **A Casa Torta** – Agatha Christie
974. **Encontro com a morte** – Agatha Christie
975.(23).**Rimbaud** – Jean-Baptiste Baronian
976. **Cartas na rua** – Bukowski
977. **Memória** – Jonathan K. Foster
978. **A abadia de Northanger** – Jane Austen
979. **As pernas de Úrsula** – Claudia Tajes
980. **Retrato inacabado** – Agatha Christie
981. **Solanin (1)** – Inio Asano
982. **Solanin (2)** – Inio Asano
983. **Aventuras de menino** – Mitsuru Adachi
984.(16).**Fatos & mitos sobre sua alimentação** – Dr. Fernando Lucchese
985. **Teoria quântica** – John Polkinghorne
986. **O eterno marido** – Fiódor Dostoiévski
987. **Um safado em Dublin** – J. P. Donleavy
988. **Mirinha** – Dalton Trevisan
989. **Akhenaton e Nefertiti** – Carmen Seganfredo e A. S. Franchini
990. **On the Road – o manuscrito original** – Jack Kerouac
991. **Relatividade** – Russell Stannard
992. **Abaixo de zero** – Bret Easton Ellis
993.(24).**Andy Warhol** – Mériam Korichi
995. **Os últimos casos de Miss Marple** – Agatha Christie
996. **Nico Demo: Aí vem encrenca** – Mauricio de Sousa
998. **Rousseau** – Robert Wokler
999. **Noite sem fim** – Agatha Christie
1000. **Diários de Andy Warhol (1)** – Editado por Pat Hackett
1001. **Diários de Andy Warhol (2)** – Editado por Pat Hackett
1002. **Cartier-Bresson: o olhar do século** – Pierre Assouline
1003. **As melhores histórias da mitologia: vol. 1** – A.S. Franchini e Carmen Seganfredo
1004. **As melhores histórias da mitologia: vol. 2** – A.S. Franchini e Carmen Seganfredo
1005. **Assassinato no beco** – Agatha Christie
1006. **Convite para um homicídio** – Agatha Christie
1008. **História da vida** – Michael J. Benton
1009. **Jung** – Anthony Stevens
1010. **Arsène Lupin, ladrão de casaca** – Maurice Leblanc
1011. **Dublinenses** – James Joyce
1012. **120 tirinhas da Turma da Mônica** – Mauricio de Sousa
1013. **Antologia poética** – Fernando Pessoa
1014. **A aventura de um cliente ilustre** *seguido de* **O último adeus de Sherlock Holmes** – Sir Arthur Conan Doyle
1015. **Cenas de Nova York** – Jack Kerouac
1016. **A corista** – Anton Tchékhov

1017. **O diabo** – Leon Tolstói
1018. **Fábulas chinesas** – Sérgio Capparelli e Márcia Schmaltz
1019. **O gato do Brasil** – Sir Arthur Conan Doyle
1020. **Missa do Galo** – Machado de Assis
1021. **O mistério de Marie Rogêt** – Edgar Allan Poe
1022. **A mulher mais linda da cidade** – Bukowski
1023. **O retrato** – Nicolai Gogol
1024. **O conflito** – Agatha Christie
1025. **Os primeiros casos de Poirot** – Agatha Christie
1027(25). **Beethoven** – Bernard Fauconnier
1028. **Platão** – Julia Annas
1029. **Cleo e Daniel** – Roberto Freire
1030. **Til** – José de Alencar
1031. **Viagens na minha terra** – Almeida Garrett
1032. **Profissões para mulheres e outros artigos feministas** – Virginia Woolf
1033. **Mrs. Dalloway** – Virginia Woolf
1034. **O cão da morte** – Agatha Christie
1035. **Tragédia em três atos** – Agatha Christie
1037. **O fantasma da Ópera** – Gaston Leroux
1038. **Evolução** – Brian e Deborah Charlesworth
1039. **Medida por medida** – Shakespeare
1040. **Razão e sentimento** – Jane Austen
1041. **A obra-prima ignorada** *seguido de* **Um episódio durante o Terror** – Balzac
1042. **A fugitiva** – Anaïs Nin
1043. **As grandes histórias da mitologia greco-romana** – A. S. Franchini
1044. **O corno de si mesmo & outras historietas** – Marquês de Sade
1045. **Da felicidade** *seguido de* **Da vida retirada** – Sêneca
1046. **O horror em Red Hook e outras histórias** – H. P. Lovecraft
1047. **Noite em claro** – Martha Medeiros
1048. **Poemas clássicos chineses** – Li Bai, Du Fu e Wang Wei
1049. **A terceira moça** – Agatha Christie
1050. **Um destino ignorado** – Agatha Christie
1051(26). **Buda** – Sophie Royer
1052. **Guerra Fria** – Robert J. McMahon
1053. **Simons's Cat: as aventuras de um gato travesso e comilão – vol. 1** – Simon Tofield
1054. **Simons's Cat: as aventuras de um gato travesso e comilão – vol. 2** – Simon Tofield
1055. **Só as mulheres e as baratas sobreviverão** – Claudia Tajes
1057. **Pré-história** – Chris Gosden
1058. **Pintou sujeira!** – Mauricio de Sousa
1059. **Contos de Mamãe Gansa** – Charles Perrault
1060. **A interpretação dos sonhos: vol. 1** – Freud
1061. **A interpretação dos sonhos: vol. 2** – Freud
1062. **Frufru Rataplã Dolores** – Dalton Trevisan
1063. **As melhores histórias da mitologia egípcia** – Carmem Seganfredo e A.S. Franchini
1064. **Infância. Adolescência. Juventude** – Tolstói
1065. **As consolações da filosofia** – Alain de Botton
1066. **Diários de Jack Kerouac – 1947-1954**
1067. **Revolução Francesa – vol. 1** – Max Gallo
1068. **Revolução Francesa – vol. 2** – Max Gallo
1069. **O detetive Parker Pyne** – Agatha Christie
1070. **Memórias do esquecimento** – Flávio Tavares
1071. **Drogas** – Leslie Iversen
1072. **Manual de ecologia (vol.2)** – J. Lutzenberger
1073. **Como andar no labirinto** – Affonso Romano de Sant'Anna
1074. **A orquídea e o serial killer** – Juremir Machado da Silva
1075. **Amor nos tempos de fúria** – Lawrence Ferlinghetti
1076. **A aventura do pudim de Natal** – Agatha Christie
1078. **Amores que matam** – Patricia Faur
1079. **Histórias de pescador** – Mauricio de Sousa
1080. **Pedaços de um caderno manchado de vinho** – Bukowski
1081. **A ferro e fogo: tempo de solidão (vol.1)** – Josué Guimarães
1082. **A ferro e fogo: tempo de guerra (vol.2)** – Josué Guimarães
1084(17). **Desembarcando o Alzheimer** – Dr. Fernando Lucchese e Dra. Ana Hartmann
1085. **A maldição do espelho** – Agatha Christie
1086. **Uma breve história da filosofia** – Nigel Warburton
1088. **Heróis da História** – Will Durant
1089. **Concerto campestre** – L. A. de Assis Brasil
1090. **Morte nas nuvens** – Agatha Christie
1092. **Aventura em Bagdá** – Agatha Christie
1093. **O cavalo amarelo** – Agatha Christie
1094. **O método de interpretação dos sonhos** – Freud
1095. **Sonetos de amor e desamor** – Vários
1096. **120 tirinhas do Dilbert** – Scott Adams
1097. **200 fábulas de Esopo**
1098. **O curioso caso de Benjamin Button** – F. Scott Fitzgerald
1099. **Piadas para sempre: uma antologia para morrer de rir** – Visconde da Casa Verde
1100. **Hamlet (Mangá)** – Shakespeare
1101. **A arte da guerra (Mangá)** – Sun Tzu
1104. **As melhores histórias da Bíblia (vol.1)** – A. S. Franchini e Carmen Seganfredo
1105. **As melhores histórias da Bíblia (vol.2)** – A. S. Franchini e Carmen Seganfredo
1106. **Psicologia das massas e análise do eu** – Freud
1107. **Guerra Civil Espanhola** – Helen Graham
1108. **A autoestrada do sul e outras histórias** – Julio Cortázar
1109. **O mistério dos sete relógios** – Agatha Christie
1110. **Peanuts: Ninguém gosta de mim... (amor)** – Charles Schulz
1111. **Cadê o bolo?** – Mauricio de Sousa
1112. **O filósofo ignorante** – Voltaire
1113. **Totem e tabu** – Freud
1114. **Filosofia pré-socrática** – Catherine Osborne
1115. **Desejo de status** – Alain de Botton
1118. **Passageiro para Frankfurt** – Agatha Christie
1120. **Kill All Enemies** – Melvin Burgess
1121. **A morte da sra. McGinty** – Agatha Christie
1122. **Revolução Russa** – S. A. Smith

1123. **Até você, Capitu?** – Dalton Trevisan
1124. **O grande Gatsby (Mangá)** – F. S. Fitzgerald
1125. **Assim falou Zaratustra (Mangá)** – Nietzsche
1126. **Peanuts: É para isso que servem os amigos (amizade)** – Charles Schulz
1127.(27). **Nietzsche** – Dorian Astor
1128. **Bidu: Hora do banho** – Mauricio de Sousa
1129. **O melhor do Macanudo Taurino** – Santiago
1130. **Radicci 30 anos** – Iotti
1131. **Show de sabores** – J.A. Pinheiro Machado
1132. **O prazer das palavras** – vol. 3 – Cláudio Moreno
1133. **Morte na praia** – Agatha Christie
1134. **O fardo** – Agatha Christie
1135. **Manifesto do Partido Comunista (Mangá)** – Marx & Engels
1136. **A metamorfose (Mangá)** – Franz Kafka
1137. **Por que você não se casou... ainda** – Tracy McMillan
1138. **Textos autobiográficos** – Bukowski
1139. **A importância de ser prudente** – Oscar Wilde
1140. **Sobre a vontade na natureza** – Arthur Schopenhauer
1141. **Dilbert (8)** – Scott Adams
1142. **Entre dois amores** – Agatha Christie
1143. **Cipreste triste** – Agatha Christie
1144. **Alguém viu uma assombração?** – Mauricio de Sousa
1145. **Mandela** – Elleke Boehmer
1146. **Retrato do artista quando jovem** – James Joyce
1147. **Zadig ou o destino** – Voltaire
1148. **O contrato social (Mangá)** – J.-J. Rousseau
1149. **Garfield fenomenal** – Jim Davis
1150. **A queda da América** – Allen Ginsberg
1151. **Música na noite & outros ensaios** – Aldous Huxley
1152. **Poesias inéditas & Poemas dramáticos** – Fernando Pessoa
1153. **Peanuts: Felicidade é...** – Charles M. Schulz
1154. **Mate-me por favor** – Legs McNeil e Gillian McCain
1155. **Assassinato no Expresso Oriente** – Agatha Christie
1156. **Um punhado de centeio** – Agatha Christie
1157. **A interpretação dos sonhos (Mangá)** – Freud
1158. **Peanuts: Você não entende o sentido da vida** – Charles M. Schulz
1159. **A dinastia Rothschild** – Herbert R. Lottman
1160. **A Mansão Hollow** – Agatha Christie
1161. **Nas montanhas da loucura** – H.P. Lovecraft
1162.(28). **Napoleão Bonaparte** – Pascale Fautrier
1163. **Um corpo na biblioteca** – Agatha Christie
1164. **Inovação** – Mark Dodgson e David Gann
1165. **O que toda mulher deve saber sobre os homens: a afetividade masculina** – Walter Riso
1166. **O amor está no ar** – Mauricio de Sousa
1167. **Testemunha de acusação & outras histórias** – Agatha Christie
1168. **Etiqueta de bolso** – Celia Ribeiro
1169. **Poesia reunida (volume 3)** – Affonso Romano de Sant'Anna
1170. **Emma** – Jane Austen
1171. **Que seja em segredo** – Ana Miranda
1172. **Garfield sem apetite** – Jim Davis
1173. **Garfield: Foi mal...** – Jim Davis
1174. **Os irmãos Karamázov (Mangá)** – Dostoiévski
1175. **O Pequeno Príncipe** – Antoine de Saint-Exupéry
1176. **Peanuts: Ninguém mais tem o espírito aventureiro** – Charles M. Schulz
1177. **Assim falou Zaratustra** – Nietzsche
1178. **Morte no Nilo** – Agatha Christie
1179. **Ê, soneca boa** – Mauricio de Sousa
1180. **Garfield a todo o vapor** – Jim Davis
1181. **Em busca do tempo perdido (Mangá)** – Proust
1182. **Cai o pano: o último caso de Poirot** – Agatha Christie
1183. **Livro para colorir e relaxar** – Livro 1
1184. **Para colorir sem parar**
1185. **Os elefantes não esquecem** – Agatha Christie
1186. **Teoria da relatividade** – Albert Einstein
1187. **Compêndio da psicanálise** – Freud
1188. **Visões de Gerard** – Jack Kerouac
1189. **Fim de verão** – Mohiro Kitoh
1190. **Procurando diversão** – Mauricio de Sousa
1191. **E não sobrou nenhum e outras peças** – Agatha Christie
1192. **Ansiedade** – Daniel Freeman & Jason Freeman
1193. **Garfield: pausa para o almoço** – Jim Davis
1194. **Contos do dia e da noite** – Guy de Maupassant
1195. **O melhor de Hagar 7** – Dik Browne
1196.(29). **Lou Andreas-Salomé** – Dorian Astor
1197.(30). **Pasolini** – René de Ceccatty
1198. **O caso do Hotel Bertram** – Agatha Christie
1199. **Crônicas de motel** – Sam Shepard
1200. **Pequena filosofia da paz interior** – Catherine Rambert
1201. **Os sertões** – Euclides da Cunha
1202. **Treze à mesa** – Agatha Christie
1203. **Bíblia** – John Riches
1204. **Anjos** – David Albert Jones
1205. **As tirinhas do Guri de Uruguaiana 1** – Jair Kobe
1206. **Entre aspas (vol.1)** – Fernando Eichenberg
1207. **Escrita** – Andrew Robinson
1208. **O spleen de Paris: pequenos poemas em prosa** – Charles Baudelaire
1209. **Satíricon** – Petrônio
1210. **O avarento** – Molière
1211. **Queimando na água, afogando-se na chama** – Bukowski
1212. **Miscelânea septuagenária: contos e poemas** – Bukowski
1213. **Que filosofar é aprender a morrer e outros ensaios** – Montaigne
1214. **Da amizade e outros ensaios** – Montaigne
1215. **O medo à espreita e outras histórias** – H.P. Lovecraft

216. **A obra de arte na era de sua reprodutibilidade técnica** – Walter Benjamin
217. **Sobre a liberdade** – John Stuart Mill
218. **O segredo de Chimneys** – Agatha Christie
219. **Morte na rua Hickory** – Agatha Christie
220. **Ulisses (Mangá)** – James Joyce
221. **Ateísmo** – Julian Baggini
222. **Os melhores contos de Katherine Mansfield** – Katherine Mansfied
223. (31).**Martin Luther King** – Alain Foix
224. **Millôr Definitivo: uma antologia de *A Bíblia do Caos*** – Millôr Fernandes
225. **O Clube das Terças-Feiras e outras histórias** – Agatha Christie
226. **Por que sou tão sábio** – Nietzsche
227. **Sobre a mentira** – Platão
228. **Sobre a leitura *seguido do* Depoimento de Céleste Albaret** – Proust
229. **O homem do terno marrom** – Agatha Christie
230. (32).**Jimi Hendrix** – Franck Médioni
231. **Amor e amizade e outras histórias** – Jane Austen
232. **Lady Susan, Os Watson e Sanditon** – Jane Austen
233. **Uma breve história da ciência** – William Bynum
234. **Macunaíma: o herói sem nenhum caráter** – Mário de Andrade
235. **A máquina do tempo** – H.G. Wells
236. **O homem invisível** – H.G. Wells
237. **Os 36 estratagemas: manual secreto da arte da guerra** – Anônimo
238. **A mina de ouro e outras histórias** – Agatha Christie
239. **Pic** – Jack Kerouac
240. **O habitante da escuridão e outros contos** – H.P. Lovecraft
241. **O chamado de Cthulhu e outros contos** – H.P. Lovecraft
242. **O melhor de Meu reino por um cavalo!** – Edição de Ivan Pinheiro Machado
243. **A guerra dos mundos** – H.G. Wells
244. **O caso da criada perfeita e outras histórias** – Agatha Christie
245. **Morte por afogamento e outras histórias** – Agatha Christie
246. **Assassinato no Comitê Central** – Manuel Vázquez Montalbán
247. **O papai é pop** – Marcos Piangers
248. **O papai é pop 2** – Marcos Piangers
249. **A mamãe é rock** – Ana Cardoso
250. **Paris boêmia** – Dan Franck
251. **Paris libertária** – Dan Franck
252. **Paris ocupada** – Dan Franck
253. **Uma anedota infame** – Dostoiévski
254. **O último dia de um condenado** – Victor Hugo
255. **Nem só de caviar vive o homem** – J.M. Simmel
256. **Amanhã é outro dia** – J.M. Simmel
257. **Mulherzinhas** – Louisa May Alcott
258. **Reforma Protestante** – Peter Marshall
259. **História econômica global** – Robert C. Allen
260. (33).**Che Guevara** – Alain Foix
261. **Câncer** – Nicholas James
262. **Akhenaton** – Agatha Christie
263. **Aforismos para a sabedoria de vida** – Arthur Schopenhauer
264. **Uma história do mundo** – David Coimbra
265. **Ame e não sofra** – Walter Riso
266. **Desapegue-se!** – Walter Riso
267. **Os Sousa: Uma família do barulho** – Mauricio de Sousa
268. **Nico Demo: O rei da travessura** – Mauricio de Sousa
269. **Testemunha de acusação e outras peças** – Agatha Christie
270. (34).**Dostoiévski** – Virgil Tanase
271. **O melhor de Hagar 8** – Dik Browne
272. **O melhor de Hagar 9** – Dik Browne
273. **O melhor de Hagar 10** – Dik e Chris Browne
274. **Considerações sobre o governo representativo** – John Stuart Mill
275. **O homem Moisés e a religião monoteísta** – Freud
276. **Inibição, sintoma e medo** – Freud
277. **Além do princípio de prazer** – Freud
278. **O direito de dizer não!** – Walter Riso
279. **A arte de ser flexível** – Walter Riso
280. **Casados e descasados** – August Strindberg
281. **Da Terra à Lua** – Júlio Verne
282. **Minhas galerias e meus pintores** – Kahnweiler
283. **A arte do romance** – Virginia Woolf
284. **Teatro completo v. 1: As aves da noite *seguido de* O visitante** – Hilda Hilst
285. **Teatro completo v. 2: O verdugo *seguido de* A morte do patriarca** – Hilda Hilst
286. **Teatro completo v. 3: O rato no muro *seguido de* Auto da barca de Camiri** – Hilda Hilst
287. **Teatro completo v. 4: A empresa *seguido de* O novo sistema** – Hilda Hilst
288. **Sapiens: Uma breve história da humanidade** – Yuval Noah Harari
289. **Fora de mim** – Martha Medeiros
290. **Divã** – Martha Medeiros
291. **Sobre a genealogia da moral: um escrito polêmico** – Nietzsche
292. **A consciência de Zeno** – Italo Svevo
293. **Células-tronco** – Jonathan Slack
294. **O fim do ciúme e outros contos** – Proust
295. **A jangada** – Júlio Verne
296. **A ilha do dr. Moreau** – H.G. Wells
297. **Ninho de fidalgos** – Ivan Turguêniev
298. **Jane Eyre** – Charlotte Brontë

lepmeditores
www.lpm.com.br
o site que conta tudo

IMPRESSÃO:

PALLOTTI
GRÁFICA

Santa Maria - RS | Fone: (55) 3220.4500
www.graficapallotti.com.br